SUDOKU

数独秘诀

马中骐 著

GUANGXI NORMAL UNIVERSITY PRESS
广西师范大学出版社
·桂林·

数独秘诀
SHUDU MIJUE

图书在版编目（CIP）数据

数独秘诀 / 马中骐著. -- 桂林 : 广西师范大学出版社，2025. 1. -- ISBN 978-7-5598-7087-2

Ⅰ. G898.2

中国国家版本馆 CIP 数据核字第 20241DX216 号

广西师范大学出版社出版发行

（广西桂林市五里店路 9 号　邮政编码：541004）
（网址：http://www.bbtpress.com）
出版人：黄轩庄
全国新华书店经销
广西广大印务有限责任公司印刷
（桂林市临桂区秧塘工业园西城大道北侧广西师范大学出版社集团有限公司创意产业园内　邮政编码：541199）
开本：720 mm × 1 010 mm　1/16
印张：8.75　　　字数：176 千
2025 年 1 月第 1 版　2025 年 1 月第 1 次印刷
定价：59.00 元

如发现印装质量问题，影响阅读，请与出版社发行部门联系调换。

前　言

数独是一种逻辑推理类数字填充游戏. 虽然这种游戏和数学家莱昂哈德・欧拉 (Leonhard Euler, 1707—1783 年) 研究过的拉丁方 (Latin square) 有一定关系. 但它最早作为一种游戏形式出现, 可以追溯到 20 世纪 70 年代. 当时在美国纽约的一本益智杂志 *Math Puzzles and Logic Problems* 上出现了一种称为填数字 (number place) 的游戏. 1984 年一位日本学者把它传到日本, 用日文汉字取名为"数独"(Su Doku). 1997 年中国香港高等法院的新西兰籍法官高乐德 (Wayne Gould) 在《泰晤士报》(*The Times*) 上发表了这种游戏, 该游戏很快便风靡英国, 并由此传遍全世界. 20 世纪 90 年代国内部分益智类书籍开始刊登数独. 南海出版社在 2005 年出版了《数独 1》和《数独 2》, 数独由此在国内广泛传播.

国际上, 由世界智力谜题联合会组织的世界数独锦标赛 (World Sudoku Championship) 每年举行一次, 首届于 2006 年在意大利的卢卡 (Lucca) 举行, 第八届于 2013 年在北京举行. 北京市数独运动协会作为世界智力谜题联合会的分支, 也每年组织一次中国数独锦标赛. 比赛包括标准数独和变形数独两类. 标准数独和变形数独虽然规则不同, 但解法类似. 本书只研究标准 (经典) 数独, 以下称数独.

因数字排列方式千变万化, 数独吸引了大量爱好者参与. 数独有助于老年人加强思维活动, 防止智力退化, 也有助于儿童和年轻人训练逻辑推理和观察分析的能力. 所有参加游戏的人都可以从游戏中获得成就感和愉悦感. 本书附录介绍了三个游戏, 既可以满足爱好者玩数字游戏的需要, 也可以训练爱好者的逻辑推理能力.

随着数独的推广, 人们总结了大量解题技巧, 总体而言都是根据已有数字,按照数独的基本规定,通过推理和分析,在空格中填充相应的数字.其中,有的方法简单直观,但适用范围有限;有的方法有比较复杂的推理,需要一定的记忆能力,掌握起来有些困难.

本书试图把已有的各种繁杂的数独解题方法系统化,通过理论物理学家的思维方式,归纳成六条清晰易懂的运算规则,帮助读者学会求解一般数独题目的方法.然后引入格圈和格链的概念,导出本书独创的数独运算技巧,帮助读者求解较难的数独题目.本书总结的这些方法都用适当的符号来标记,从而可以把求解数独题目的过程像棋谱一样记录下来,大大简化了解释的语言.原则上说,棋谱完全记录了下棋的过程,但大部分读者在阅读棋谱时,还是愿意在棋盘上移动棋子以便于理解下棋的过程.记住九宫图的填数要比记住棋谱困难得多,因此标记方法的数独符号还需要九宫图的配合,才能帮助爱好者真正理解数独题目的求解过程.

国内发行的有关数独的图书,多数是数独题集.事实上,在网络高度发展的今天,各类难易程度不一的题目都可以轻易地从网上找到.本书推荐三个网站供读者参考:①https://sudoku.game/;②https://www.websudoku.com/?level=4;③https://sudoku.com/evil/.

作为一本介绍数独的书,本书先介绍什么是数独,然后逐条说明求解数独题目的运算规则及其符号,并辅以例题.第一章归纳了六条运算规则.第二章列举了10道普通的数独题目,并介绍了运用这六条运算规则进行求解的详细过程.作者相信,大部分读者很容易掌握这六条运算规则,并能将其用于求解常见的数独题目.第三章引入格圈和格链的概念,归纳了四条新的运算规则.通过一些例题解释新运算规则的符号及其使用方法,帮助爱好者学会独立地求解较难的数独题目.本书的解法强调从数独题目的整体(全图)出发,通过运算规则和技巧,简化各空格的允许填数,获得数独终盘(答案),这种方法称为整体解法.

英国《每日邮报》(The Daily Mail) 2012 年 6 月 30 日的一篇报道介绍了芬兰数学家因卡拉 (Arto Inkala) 花费 3 个月设计出的声称是迄今世界上"难度最大的数独题",并把此题比作数独题的"珠穆朗玛峰".此题只有一个答案.因卡拉教授说只有思考能力最快、头脑最聪明的人才能破解这个游戏 (only the quickest and brightest minds would be able to solve it). 2007 年因卡拉教授还出版了一本专著 (AI Escargot——The most difficult Sudoku puzzle), 其中提出了另外一道也声称是世界上"最难的数独题".

针对类似芬兰数学家因卡拉教授设计的极少数数独难题,本书第四章采用分题的方法求解,并以因卡拉教授设计的两道"数独世界难题"为例,详细介绍了分题求解的过程,说明只要学习和掌握了本书提出的这套解法,不需要专门的训练,任何人都可以独立求解各类数独题目,甚至包括难度相当大的题目.作者无意引导读者去钻研数独难题,只是想说明,即使是人为设计的数独难题,只要充满信心,方法得当,一般人也是可以求解的.

为了帮助读者理解和领会本书的数独运算规则,作者制作了一套数独解法讲课视频,全套共九集,每集时长约半小时,包括第一章一集、第二章两集、第三章四集和第四章两集.扫描书后二维码即可观看视频.

近日,作者从网上查知电子科技大学出版社 2013 年出版的《轻松速解数独——陈氏解法》一书,作者陈金康先生在该书中介绍的解法在解因卡拉教授 2012 年设计的数独世界难题时需要经过多次复杂的猜测且篇幅较大.本书所提出的数独解法则能够在一定程度上更加简单明了地表达数独世界难题的解题过程.

感谢泰康之家所提供的优越的工作环境,以及与老年朋友的良好讨论机会. 感谢泰康之家居民潘爱兰老师和新加坡世界科学出版社 (World Scientific) 编辑潘素起女士提供的因卡拉教授设计的两道 "数独世界难题", 以及一直给予的支持和鼓励. 感谢泰康之家居民黄惟崎老师、吴先敏老师、宋建云老师在数独问题上的交流和讨论. 感谢妹妹马中芳老师提供的若干道数独题目和有益的讨论. 感谢妻子李现老师一直以来的全力支持和鼓励, 无微不至的关爱和对本书写作过程的认真讨论及研究.

中国科学院高能物理研究所
八十三岁退休研究员马中骐
苏州泰康之家吴园居民
2023 年 5 月

目　录

第1章　数独及其运算规则 …………………………………………… 1

第2章　数独运算规则应用举例 ……………………………………… 20
　2.1　数独题目1 ……………………………………………………… 20
　2.2　数独题目2 ……………………………………………………… 23
　2.3　数独题目3 ……………………………………………………… 27
　2.4　数独题目4 ……………………………………………………… 30
　2.5　数独题目5 ……………………………………………………… 33
　2.6　数独题目6 ……………………………………………………… 37
　2.7　数独题目7 ……………………………………………………… 41
　2.8　数独题目8 ……………………………………………………… 45
　2.9　数独题目9 ……………………………………………………… 51
　2.10　数独题目10 …………………………………………………… 55

第3章　格圈、格链及其应用 ………………………………………… 56
　3.1　格圈和格链 ……………………………………………………… 56
　3.2　广义格链 ………………………………………………………… 73
　3.3　排除法 …………………………………………………………… 89

第4章　数独世界难题 ………………………………………………… 103
　4.1　数独难题1 ……………………………………………………… 105
　4.2　数独难题2 ……………………………………………………… 111
　4.3　等价的数独题目 ………………………………………………… 116

附录一　移棋相间法 …………………………………………………… 118

附录二　天平秤球 …………………………………… 121

附录三　确定帽子颜色 ………………………………… 129

第 1 章　数独及其运算规则

一个九行九列的方格图包含 9 个三行三列的小方块, 共 81 格, 排列成 9 个宫 (block), 因而方格图又被称为九宫图.

九宫图

	列1	列2	列3	列4	列5	列6	列7	列8	列9
行1									
行2		宫1			宫2			宫3	
行3									
行4									
行5		宫4			宫5			宫6	
行6									
行7									
行8		宫7			宫8			宫9	
行9									

为了叙述方便, 本书先引入数独的一些基本概念和符号. 这些概念和符号在数独界并不统一. 相信爱好者看完后也不一定会马上记住. 但不清楚这些概念和符号, 会对阅读本书产生影响. 作者建议爱好者在记不清这些概念和符号时回来查阅一下, 以免产生误解.

本书把九宫图第 a 行记做 "行 a", 第 b 列记做 "列 b", 第 d 宫记做 "宫 d", 第 a 行 b 列的格子记做 $\overline{ab}$ 格. 这只是为了简洁表述. 例如, 行 3 代表第三行、列 5 代表第五列、宫 8 代表第八宫、位于第三行第五列的格子为 $\overline{35}$ 格. 行 a 和宫 d 相交于三格, 称为 "行 a 和宫 d 相交的三格", 也是 "宫 d 和行 a 相交的三格". 例如, "行 1 和宫 3 相交的三格",就是 $\overline{17}$ 格、$\overline{18}$ 格和 $\overline{19}$ 格. 列 b 和宫 d 也相交于三格,称为"列 b 和宫 d 相交的三格",也是"宫 d 和列 b 相交的三格". 又如"列 4 和宫 5 相交的三格",就是 $\overline{44}$ 格、$\overline{54}$ 格和 $\overline{64}$ 格.

排在同一大行的 3 个宫构成一个宫行,排在同一大列的 3 个宫构成一个宫列. 宫 1、宫 2 和宫 3 构成第一宫行, 宫 4、宫 5 和宫 6 构成第二宫行, 宫 7、宫 8 和宫 9 构成第三宫行. 宫 1、宫 4 和宫 7 构成第一宫列, 宫 2、宫 5 和宫 8 构成第二宫列, 宫 3、宫 6 和宫 9 构成第三宫列.

九宫图中每格允许填入的自然数为 1~9, 称为允许填数. 要求九宫图中每格填入确定的数后, 每行每列没有重复的数, 每个宫内也没有重复的数, 这是数独的基本规定. 为了方便, 把一行, 或一列, 或一宫统称为一个单元, 那么数独的基本规定是每个单元都不能有重复的数. 在九宫图的每格填入确定的数后, 如果这些数满足数独的基本规定, 则称为数独终盘, 也就是数独的答案.

每格都属于给定的行、列和宫. 反之, 一行、一列和一宫相交于一格, 简称三个单元交于一格. 处于同一单元的两个格子, 常称属于同一单元的格子, 或把其中一个格子称为另一个格子所在单元的格子.

所谓数独, 就是在九宫图中 n 个格子内预先填入确定的数, 称为提示数 (clue). 凡是填有确定数 x 的格子称为定格 x, 简称定格. 凡是填数还没有确定的格子, 统称为空格.

定格 x 中只有一个允许填数 x, 其他不等于 x 的 8 个数称为不允许填数. 一道数独题目, 就给出了 n 个定格和 $(81-n)$ 个空格. 由于定格 x 的存在, 按照数独的基本规定, 它所在单元的空格中不允许填数 x. 反之, 一个空格所属三个单元含有若干个定格, 这些定格的填数可能有重复的, 设其中不重复的填数有 m 个. 这 m 个数就是该空格的不允许填数, 而 $(9-m)$ 个其他填数就是该空格的允许填数. 数独题目的九宫图中, 每个空格各有数目不同的允许填数. 如果把每个空格的允许填数都分别填好, 这样的九宫图称为数独全图.

随着计算的进行, 空格的允许填数会逐渐变成不允许填数, 数独全图也随之变化. 空格的不允许填数确定后就不会再变, 只是不允许填数的个数增加. 空格的允许填数不会增加, 只会逐渐转变为不允许填数, 若一个空格的不允许填数增加到 8 个, 这个空格就变成了定格. 定格确定后不会变化, 只是定格的个数会逐渐增加, 直到增加到 81 个定格, 数独全图就变成了数独终盘.

按照数独基本规定, 可以归纳出各种运算规则. 就是定理, 即在一定的条件下, 某个空格直接变成定格, 或者某些空格中的某些允许填数变成不允许填数. 每条运算规则的操作都用一定的符号标记. 每个符号必须准确地表达这个操作的条件和内容, 即在什么条件下, 哪个空格变成定格, 或者哪些空格中的哪些允许填数变成不允许填数.

运算规则必须严格正确, 如果运用一条错误的运算规则, 或者错误地运用了一条原本正确的运算规则, 把一个允许填数错误地变成了不允许填数, 特别是把在数独终盘中某格的允许填数错误地变成了不允许填数, 这道题就解不出来. 如果不按运算规则操作, 凭猜测把空格的某个允许填数变成不允许填数, 也可能导致这道解不出来.

一道合格 (proper) 的数独题目, 在给出 n 个提示数后, 通过各种运算规则的操作, 逐步减少数独全图中各空格的允许填数, 把空格逐步变成定格, 最后一定可以找到唯一一个数独终盘. 存在多于一个不相同数独终盘的数独题目是不合格的数独题目. 如果在九宫图同一单元中重复出现填数相同的定格, 或者一个空格的允许填数减少到零, 则说明这个数独题目出现矛盾, 这也是不合格的数独题目. 实践证明, 提示数 n 至少要有 17 个. 至今还没有发现一道提示数少于 17 个的合格的数独题目. 本书不讨论如何找出合格的数独题目, 而专门讨论对于合格的数独题目, 如何找到数独终盘.

为了让读者对数独有一个直观的印象，下面列出因卡拉教授 2012 年设计的一道号称 “世界最难数独题” ($n = 21$) 及其答案. 此题将在第四章详细求解.

数独题目

8								
		3	**6**					
	7			**9**		**2**		
	5				**7**			
				4	**5**	**7**		
			1				**3**	
		1					**6**	**8**
		8	**5**				**1**	
	9					**4**		

数独终盘

8	1	2	7	5	3	6	4	9
9	4	**3**	**6**	8	2	1	7	5
6	**7**	5	4	**9**	1	**2**	8	3
1	**5**	4	2	3	**7**	8	9	6
3	6	9	8	**4**	**5**	**7**	2	1
2	8	7	**1**	6	9	5	**3**	4
5	2	**1**	9	7	4	3	**6**	**8**
4	3	**8**	**5**	2	6	9	**1**	7
7	**9**	6	3	1	8	**4**	5	2

数独题目中的提示数，给出了九宫图中起始时的若干定格. 以下从数独基本规定出发，归纳了一些简单的运算规则，以增加数独题目中的定格数量，简化数独题目.

运算规则 1: 如果九宫图中处在位置 $\overline{ab}$ 的空格，它所属三个单元包含 8 个填数不同的定格，则余下一个填数 x 就是该空格的唯一允许填数，该空格就是定格 x.

如果除 x 外的其他 8 个数都是 $\overline{ab}$ 格的不允许填数，则 $\overline{ab}$ 格是定格 x. 这一运算规则记作 ($\overline{ab} = x$).

反之，如果在一个单元中，数 x 是 8 个格子的不允许填数，则余下的一个空格就是定格 x. 前面已经定义，x 是给定格子的不允许填数，指它所属三个单元中包含定格 x，或者它本身就是另一填数的定格.

运算规则 2: 如果九宫图的一个单元中，数 x 是 8 个格子的不允许填数，则余下的一个空格 $\overline{ab}$ 就是定格 x. 如果这个单元是行 a，或列 b，或宫 d，则这一运算规则记作 (行 $a \mapsto \overline{ab} = x$)，或 (列 $b \mapsto \overline{ab} = x$)，或 (宫 $d \mapsto \overline{ab} = x$).

在运算规则 2 的操作符号中加上单元的名称是为了便于找到需

要检查的那 8 个格子, 也是为了区别于运算规则 1 的操作符号.

如果在一个由三个宫组成的 "宫行" 中, 包含两个填数相同的定格 x, 这两个定格一定属于不同的宫和行, 而在 "宫行" 的第三个宫中属第三行的三格, 按照数独基本规定, 必有一格要变成定格 x. 如果这三格中, 数 x 是其中两格的 "不允许填数", 则第三格必是定格 x. 如果把 "宫行" 换成 "宫列", 情况也一样.

运算规则 3: 如果在一个由三个宫组成的 "宫行" (或 "宫列") 中, 包含两个填数相同的定格 x, 在这个 "宫行" (或 "宫列") 里, 不包含这两个定格 x 的第三个宫的第三行 (或列) 中, 数 x 是其中两格的不允许填数, 则第三格 $\overline{ab}$ 必定是定格 x. 对于宫行情况, 运算规则 3 记作 (行 $-\overline{ab} = x$), 对于宫列情况, 运算规则 3 记作 (列 $-\overline{ab} = x$).

运算规则 3 的操作符号中表明了行或列, 便于检查验证. 运算规则 3 是运算规则 2 的一个特殊情况, 它提供了找一个数 x 对一个单元的 8 个格是不允许填数的简便方法.

以上三条运算规则的特点是在给定条件下直接把一个空格变成了定格, 这就决定了这三条运算规则只能用来简化数独题目, 或者只能处理比较简单的数独题目.

下面列举的两道数独题目都曾被第十三届世界数独锦标赛采用过. 这里选取运算规则的次序十分重要. 为了帮助读者理解运算规则的条件和效果, 在例题中每两次使用运算规则, 就画出全图的变化, 两次数独规则的操作符号用分号或逗号分开, 分号表示第二次运算必须在完成第一次运算后才能进行, 逗号则表示两次运算可以独立进行.

数独题目 1 (n = 27)

				9	6	4		
				3				1
	2	3		7				8
3			4	6	5	1		
4				1				
7		1	8	2				
6			7	5				
2			1					
	9	5						

(行 −$\overline{19}$ = 3), ($\overline{37}$ = 9)

				9	6	4		3
				3				1
	2	3		7	9			8
3			4	6	5	1		
4				1				
7		1	8	2				
6			7	5				
2			1					
	9	5						

($\overline{38}$ = 5); ($\overline{34}$ = 6)

				9	6	4		3
				3				1
	2	3	6	7	9	5		8
3			4	6	5	1		
4				1				
7		1	8	2				
6			7	5				
2			1					
	9	5						

($\overline{31}$ = 1); ($\overline{35}$ = 4)

				9	6	4		3
				3				1
1	2	3	6	4	7	9	5	8
3			4	6	5	1		
4				1				
7		1	8	2				
6			7	5				
2			1					
	9	5						

($\overline{91}$ = 8); ($\overline{11}$ = 5)

5				9	6	4		3
				3				1
1	2	3	6	4	7	9	5	8
3			4	6	5	1		
4				1				
7		1	8	2				
6			7	5				
2			1					
8	9	5						

($\overline{21}$ = 9), ($\overline{96}$ = 4)

5				9	6	4		3
9				3				1
1	2	3	6	4	7	9	5	8
3			4	6	5	1		
4				1				
7		1	8	2				
6			7	5				
2			1					
8	9	5		4				

($\overline{86}$ = 8), ($\overline{14}$ = 2)

5			2	9	6	4		3
9				3				1
1	2	3	6	4	7	9	5	8
3			4	6	5	1		
4				1				
7		1	8	2				
6			7	5				
2			1	8				
8	9	5		4				

($\overline{24}$ = 5), ($\overline{94}$ = 3)

5			2	9	6	4		3
9			5	3				1
1	2	3	6	4	7	9	5	8
3			4	6	5	1		
4				1				
7		1	8	2				
6			7	5				
2			1	8				
8	9	5	3	4				

$(\overline{54}=9), (\overline{25}=8)$

5			2		9	6	4	3
9				5	8	3		1
1	2	3	6	4	7	9	5	8
3			4		6	5	1	
4				9		1		
7		1	8		2			
6			7		5			
2			1		8			
8	9	5	3		4			

$(\overline{15}=1), (\overline{45}=7)$

5			2	1	9	6	4	3
9				5	8	3		1
1	2	3	6	4	7	9	5	8
3			4	7	6	5	1	
4				9		1		
7		1	8		2			
6			7		5			
2			1		8			
8	9	5	3		4			

$(\overline{42}=8), (列\ -\overline{43}=9)$

5			2	1	9	6	4	3
9				5	8	3		1
1	2	3	6	4	7	9	5	8
3	8	9	4	7	6	5	1	
4				9		1		
7		1	8		2			
6			7		5			
2			1		8			
8	9	5	3		4			

$(列\ -\overline{53}=2), (\overline{73}=4)$

5			2	1	9	6	4	3
9				5	8	3		1
1	2	3	6	4	7	9	5	8
3	8	9	4	7	6	5	1	
4		2		9		1		
7		1	8		2			
6		4	7		5			
2			1		8			
8	9	5	3		4			

$(\overline{83}=7); (\overline{82}=3)$

5			2	1	9	6	4	3
9				5	8	3		1
1	2	3	6	4	7	9	5	8
3	8	9	4	7	6	5	1	
4		2		9		1		
7		1	8		2			
6		4	7		5			
2	3	7	1		8			
8	9	5	3		4			

$(\overline{72}=1), (\overline{13}=8)$

5		8	2	1	9	6	4	3
9				5	8	3		1
1	2	3	6	4	7	9	5	8
3	8	9	4	7	6	5	1	
4		2		9		1		
7		1	8		2			
6	1	4	7		5			
2	3	7	1		8			
8	9	5	3		4			

$(\overline{23}=6), (\overline{12}=7)$

5	7	8	2	1	9	6	4	3
9		6		5	8	3		1
1	2	3	6	4	7	9	5	8
3	8	9	4	7	6	5	1	
4		2		9		1		
7		1	8		2			
6	1	4	7		5			
2	3	7	1		8			
8	9	5	3		4			

$(\overline{22}=4), (\overline{49}=2)$

5	7	8	2	1	9	6	4	3
9	4	6		5	8	3		1
1	2	3	6	4	7	9	5	8
3	8	9	4	7	6	5	1	2
4		2		9		1		
7		1	8		2			
6	1	4	7		5			
2	3	7	1		8			
8	9	5	3		4			

$(\overline{79} = 9); (\overline{75} = 2)$

5	7	8	2	1	**9**	6	**4**	3
9	4	6	5	8	**3**			**1**
1	**2**	**3**	6	4	7	9	5	**8**
3	8	9	**4**	7	**6**	**5**	**1**	2
4		2	9		**1**			
7		**1**	8		**2**			
6	1	4	**7**	2	**5**			9
2	3	7	**1**		8			
8	**9**	**5**	3		4			

$(列 -\overline{89} = 5), (列 -\overline{97} = 1)$

5	7	8	2	1	**9**	6	**4**	3
9	4	6	5	8	**3**			**1**
1	**2**	**3**	6	4	7	9	5	**8**
3	8	9	**4**	7	**6**	**5**	**1**	2
4		2	9		**1**			
7		**1**	8		**2**			
6	1	4	**7**	2	**5**			9
2	3	7	**1**		8			5
8	**9**	**5**	3		4	1		

$(行 -\overline{98} = 2), (\overline{95} = 6)$

5	7	8	2	1	**9**	6	**4**	3
9	4	6	5	8	**3**			**1**
1	**2**	**3**	6	4	7	9	5	**8**
3	8	9	**4**	7	**6**	**5**	**1**	2
4		2	9		**1**			
7		**1**	8		**2**			
6	1	4	**7**	2	**5**			9
2	3	7	**1**		8			5
8	**9**	**5**	3	6	4	1		2

$(\overline{85} = 9), (\overline{99} = 7)$

5	7	8	2	1	**9**	6	**4**	3
9	4	6	5	8	**3**			**1**
1	**2**	**3**	6	4	7	9	5	**8**
3	8	9	**4**	7	**6**	**5**	**1**	2
4		2	9		**1**			
7		**1**	8		**2**			
6	1	4	**7**	2	**5**			9
2	3	7	**1**	9	8			5
8	**9**	**5**	3	6	4	1	2	7

$(\overline{28} = 7); (\overline{27} = 2)$

5	7	8	2	1	**9**	6	**4**	3
9	4	6	5	8	**3**	2	7	**1**
1	**2**	**3**	6	4	7	9	5	**8**
3	8	9	**4**	7	**6**	**5**	**1**	2
4		2	9		**1**			
7		**1**	8		**2**			
6	1	4	**7**	2	**5**			9
2	3	7	**1**	9	8			5
8	**9**	**5**	3	6	4	1	2	7

$(\overline{59} = 6); (\overline{69} = 4)$

5	7	8	2	1	**9**	6	**4**	3
9	4	6	5	8	**3**	2	7	**1**
1	**2**	**3**	6	4	7	9	5	**8**
3	8	9	**4**	7	**6**	**5**	**1**	2
4		2	9		**1**			6
7		**1**	8		**2**			4
6	1	4	**7**	2	**5**			9
2	3	7	**1**	9	8			5
8	**9**	**5**	3	6	4	1	2	7

$(\overline{52} = 5); (\overline{62} = 6)$

5	7	8	2	1	**9**	6	**4**	3
9	4	6	5	8	**3**	2	7	**1**
1	**2**	**3**	6	4	7	9	5	**8**
3	8	9	**4**	7	**6**	**5**	**1**	2
4	5	2	9		**1**			6
7	6	**1**	8		**2**			4
6	1	4	**7**	2	**5**			9
2	3	7	**1**	9	8			5
8	**9**	**5**	3	6	4	1	2	7

$(\overline{55} = 3); (\overline{65} = 5)$

5	7	8	2	1	**9**	6	**4**	3
9	4	6	5	8	**3**	2	7	**1**
1	**2**	**3**	6	4	7	9	5	**8**
3	8	9	**4**	7	**6**	**5**	**1**	2
4	5	2	9	3	**1**			6
7	6	**1**	8	5	**2**			4
6	1	4	**7**	2	**5**			9
2	3	7	**1**	9	8			5
8	**9**	**5**	3	6	4	1	2	7

$(\overline{58}=8)$; $(\overline{57}=7)$

5	7	8	2	1	**9**	**6**	**4**	3
9	4	6	5	8	**3**	2	7	**1**
1	**2**	**3**	6	4	**7**	9	5	**8**
3	8	9	**4**	7	**6**	**5**	**1**	2
4	5	2	9	3	**1**	7	8	6
7	6	**1**	**8**	5	**2**			4
6	1	4	**7**	2	**5**			9
2	3	7	**1**	9	8			5
8	**9**	**5**	3	6	4	1	2	7

$(\overline{67}=3)$; $(\overline{68}=9)$

5	7	8	2	1	**9**	**6**	**4**	3
9	4	6	5	8	**3**	2	7	**1**
1	**2**	**3**	6	4	**7**	9	5	**8**
3	8	9	**4**	7	**6**	**5**	**1**	2
4	5	2	9	3	**1**	7	8	6
7	6	**1**	**8**	5	**2**	3	9	4
6	1	4	**7**	2	**5**			9
2	3	7	**1**	9	8			5
8	**9**	**5**	3	6	4	1	2	7

$(\overline{77}=8)$; $(\overline{78}=3)$

5	7	8	2	1	**9**	**6**	**4**	3
9	4	6	5	8	**3**	2	7	**1**
1	**2**	**3**	6	4	**7**	9	5	**8**
3	8	9	**4**	7	**6**	**5**	**1**	2
4	5	2	9	3	**1**	7	8	6
7	6	**1**	**8**	5	**2**	3	9	4
6	1	4	**7**	2	**5**	8	3	9
2	3	7	**1**	9	8			5
8	**9**	**5**	3	6	4	1	2	7

$(\overline{87}=4)$, $(\overline{88}=6)$, 数独终盘

5	7	8	2	1	**9**	**6**	**4**	3
9	4	6	5	8	**3**	2	7	**1**
1	**2**	**3**	6	4	**7**	9	5	**8**
3	8	9	**4**	7	**6**	**5**	**1**	2
4	5	2	9	3	**1**	7	8	6
7	6	**1**	**8**	5	**2**	3	9	4
6	1	4	**7**	2	**5**	8	3	9
2	3	7	**1**	9	8	4	6	5
8	**9**	**5**	3	6	4	1	2	7

数独题目 2 $(n=28)$

	4	**2**			**3**			**7**
8			**6**					
6						**3**	**1**	
	5	**1**			**9**			**4**
			7		**1**			
7			**5**			**1**	**9**	
	8	**3**						**5**
					4			**9**
5			**9**			**7**	**3**	

$(行-\overline{22}=3)$, $(行-\overline{71}=9)$

	4	**2**			**3**			**7**
8	3		**6**					
6						**3**	**1**	
	5	**1**			**9**			**4**
			7		**1**			
7			**5**			**1**	**9**	
9	**8**	**3**						**5**
					4			**9**
5			**9**			**7**	**3**	

$(列-\overline{99}=1)$, $(行-\overline{48}=7)$

	4	**2**			**3**			**7**
8	3		**6**					
6						**3**	**1**	
	5	**1**			**9**		7	**4**
			7		**1**			
7			**5**			**1**	**9**	
9	**8**	**3**						**5**
					4			**9**
5			**9**			**7**	**3**	1

$(\overline{11}=1)$; $(\overline{81}=2)$

1	**4**	**2**			**3**			**7**
8	3		**6**					
6						**3**	**1**	
	5	**1**			**9**		7	**4**
			7		**1**			
7			**5**			**1**	**9**	
9	**8**	**3**						**5**
2					**4**			**9**
5			**9**			**7**	**3**	1

$(\overline{41} = 3); (\overline{51} = 4)$

1	4	2		3				7
8	3		6					
6						3	1	
3	5	1			9		7	4
4			7	1				
7			5			1	9	
9	8	3						5
2				4				9
5			9			7	3	1

$(\overline{92} = 6), (列 -\overline{93} = 4)$

1	4	2		3				7
8	3		6					
6						3	1	
3	5	1			9		7	4
4			7	1				
7			5			1	9	
9	8	3						5
2				4				9
5	6	4	9			7	3	1

$(\overline{83} = 7), (列 -\overline{82} = 1)$

1	4	2		3				7
8	3		6					
6						3	1	
3	5	1			9		7	4
4			7	1				
7			5			1	9	
9	8	3						5
2	1	7		4				9
5	6	4	9			7	3	1

$(\overline{62} = 2); (\overline{52} = 9)$

1	4	2		3				7
8	3		6					
6						3	1	
3	5	1			9		7	4
4	9		7	1				
7	2		5			1	9	
9	8	3						5
2	1	7		4				9
5	6	4	9			7	3	1

$(\overline{32} = 7), (行 -\overline{25} = 1)$

1	4	2		3				7
8	3		6	1				
6	7					3	1	
3	5	1			9		7	4
4	9		7	1				
7	2		5			1	9	
9	8	3						5
2	1	7		4				9
5	6	4	9			7	3	1

$(列 -\overline{74} = 1), (\overline{14} = 8)$

1	4	2	8	3				7
8	3		6	1				
6	7					3	1	
3	5	1			9		7	4
4	9		7	1				
7	2		5			1	9	
9	8	3	1					5
2	1	7		4				9
5	6	4	9			7	3	1

$(\overline{44} = 2), (\overline{84} = 3)$

1	4	2	8	3				7
8	3		6	1				
6	7					3	1	
3	5	1	2		9		7	4
4	9		7	1				
7	2		5			1	9	
9	8	3	1					5
2	1	7	3	4				9
5	6	4	9			7	3	1

$(\overline{34} = 4), (行 -\overline{26} = 7)$

1	4	2	8	3				7
8	3		6	1	7			
6	7		4			3	1	
3	5	1	2		9		7	4
4	9		7	1				
7	2		5			1	9	
9	8	3	1					5
2	1	7	3	4				9
5	6	4	9			7	3	1

$(\text{行}-\overline{39}=8), (\overline{29}=2)$

1	4	2	8		3			7
8	3		6	1	7			2
6	7		4			3	1	8
3	5	1	2		9		7	4
4	9		7		1			
7	2		5			1	9	
9	8	3	1					5
2	1	7	3		4			9
5	6	4	9			7	3	1

$(\text{行}-\overline{85}=5); (\text{列}-\overline{36}=5)$

1	4	2	8		3			7
8	3		6	1	7			2
6	7		4	5		3	1	8
3	5	1	2		9		7	4
4	9		7		1			
7	2		5			1	9	
9	8	3	1					5
2	1	7	3	5	4			9
5	6	4	9			7	3	1

$(\overline{15}=9); (\text{列}-\overline{27}=9)$

1	4	2	8	9	3			7
8	3		6	1	7	9		2
6	7		4		5	3	1	8
3	5	1	2		9		7	4
4	9		7		1			
7	2		5			1	9	
9	8	3	1					5
2	1	7	3	5	4			9
5	6	4	9			7	3	1

$(\text{行}-\overline{33}=9); (\overline{23}=5)$

1	4	2	8	9	3			7
8	3	5	6	1	7	9		2
6	7	9	4		5	3	1	8
3	5	1	2		9		7	4
4	9		7		1			
7	2		5			1	9	
9	8	3	1					5
2	1	7	3	5	4			9
5	6	4	9			7	3	1

$(\overline{28}=4), (\overline{35}=2)$

1	4	2	8	9	3			7
8	3	5	6	1	7	9	4	2
6	7	9	4	2	5	3	1	8
3	5	1	2		9		7	4
4	9		7		1			
7	2		5			1	9	
9	8	3	1					5
2	1	7	3	5	4			9
5	6	4	9			7	3	1

$(\overline{95}=8); (\overline{96}=2)$

1	4	2	8	9	3			7
8	3	5	6	1	7	9	4	2
6	7	9	4	2	5	3	1	8
3	5	1	2		9		7	4
4	9		7		1			
7	2		5			1	9	
9	8	3	1					5
2	1	7	3	5	4			9
5	6	4	9	8	2	7	3	1

$(\text{列}-\overline{66}=8), (\overline{45}=6)$

1	4	2	8	9	3			7
8	3	5	6	1	7	9	4	2
6	7	9	4	2	5	3	1	8
3	5	1	2	6	9		7	4
4	9		7		1			
7	2		5		8	1	9	
9	8	3	1					5
2	1	7	3	5	4			9
5	6	4	9	8	2	7	3	1

$(\overline{55}=3); (\overline{65}=4)$

1	4	2	8	9	3			7
8	3	5	6	1	7	9	4	2
6	7	9	4	2	5	3	1	8
3	5	1	2	6	9		7	4
4	9		7	3	1			
7	2		5	4	8	1	9	
9	8	3	1					5
2	1	7	3	5	4			9
5	6	4	9	8	2	7	3	1

$(\overline{63}=6); (\overline{53}=8)$

1	4	2	8	9	3			7
8	3	5	6	1	7	9	4	2
6	7	9	4	2	5	3	1	8
3	5	1	2	6	9		7	4
4	9	8	7	3	1			
7	2	6	5	4	8	1	9	
9	8	3	1					5
2	1	7	3	5	4			9
5	6	4	9	8	2	7	3	1

$(\overline{47}=8), (\overline{69}=3)$

1	4	2	8	9	3			7
8	3	5	6	1	7	9	4	2
6	7	9	4	2	5	3	1	8
3	5	1	2	6	9	8	7	4
4	9	8	7	3	1			
7	2	6	5	4	8	1	9	3
9	8	3	1					5
2	1	7	3	5	4			9
5	6	4	9	8	2	7	3	1

$(\overline{75}=7), (\overline{76}=6)$

1	4	2	8	9	3			7
8	3	5	6	1	7	9	4	2
6	7	9	4	2	5	3	1	8
3	5	1	2	6	9	8	7	4
4	9	8	7	3	1			
7	2	6	5	4	8	1	9	3
9	8	3	1	7	6			5
2	1	7	3	5	4			9
5	6	4	9	8	2	7	3	1

$(\overline{78}=2); (\overline{77}=4)$

1	4	2	8	9	3			7
8	3	5	6	1	7	9	4	2
6	7	9	4	2	5	3	1	8
3	5	1	2	6	9	8	7	4
4	9	8	7	3	1			
7	2	6	5	4	8	1	9	3
9	8	3	1	7	6	4	2	5
2	1	7	3	5	4			9
5	6	4	9	8	2	7	3	1

$(\overline{87}=6); (\overline{88}=8)$

1	4	2	8	9	3			7
8	3	5	6	1	7	9	4	2
6	7	9	4	2	5	3	1	8
3	5	1	2	6	9	8	7	4
4	9	8	7	3	1			
7	2	6	5	4	8	1	9	3
9	8	3	1	7	6	4	2	5
2	1	7	3	5	4	6	8	9
5	6	4	9	8	2	7	3	1

$(\overline{59}=6); (\overline{58}=5)$

1	4	2	8	9	3			7
8	3	5	6	1	7	9	4	2
6	7	9	4	2	5	3	1	8
3	5	1	2	6	9	8	7	4
4	9	8	7	3	1		5	6
7	2	6	5	4	8	1	9	3
9	8	3	1	7	6	4	2	5
2	1	7	3	5	4	6	8	9
5	6	4	9	8	2	7	3	1

$(\overline{57}=2), (\overline{18}=6)$

1	4	2	8	9	3		6	7
8	3	5	6	1	7	9	4	2
6	7	9	4	2	5	3	1	8
3	5	1	2	6	9	8	7	4
4	9	8	7	3	1	2	5	6
7	2	6	5	4	8	1	9	3
9	8	3	1	7	6	4	2	5
2	1	7	3	5	4	6	8	9
5	6	4	9	8	2	7	3	1

$(\overline{17}=5)$, 数独终盘

1	4	2	8	9	3	5	6	7
8	3	5	6	1	7	9	4	2
6	7	9	4	2	5	3	1	8
3	5	1	2	6	9	8	7	4
4	9	8	7	3	1	2	5	6
7	2	6	5	4	8	1	9	3
9	8	3	1	7	6	4	2	5
2	1	7	3	5	4	6	8	9
5	6	4	9	8	2	7	3	1

前面已经指出,这三条运算规则只能简化数独题目或者只能处理比较简单的数独题目.对于一般的数独题目,目前流行的解法,本书统称为局域解法.这类解法指按照数独的基本规定,寻找允许填数较少的空格位置信息,以及寻找给定数 x 只能填入少数几个空格的信息,运用一些适用范围有限但各有特色的小技巧,确定某个空格可以变成定格.由于信息很复杂,小技巧的因果关系不够确切,还要通过逻辑推理和分析,才能把空格变成定格.这类解法需要积累大量的解题经验,熟练地分析数独题目中定格分布的特点,充分运用逻辑推理和记忆能力.对于较难的数独题目,局域解法有时难以突破.

本书推荐用整体解法来求解数独题目.在一开始就花些时间把每个空格的允许填数都找出并填入九宫图,得到数独全图.整体解法把定格分布的信息转化为空格允许填数及其分布的信息.因为掌握的信息全面,就可以归纳出几条新的运算规则,就像定理一样,在确切的条件下,明确指出哪些空格的哪些允许填数该变成不允许填数,使逻辑推理和分析的工作纳入运算规则,求解数独题目的过程就变成寻找运算规则适用的机会,去减少某些空格的允许填数,产生运算规则适用的机会.

本书建议采用以下方法填写数独全图.先根据各列定格的填数,确定该列各空格统一的允许填数,标在各列的上方.然后,以宫行相交的三格为一组,从各格上端的各列空格统一的允许填数中删去该宫和行定格的填数,填入各个空格.这里以一个提示数为 17 的数独题目为例 (见 2.8 节),填出数独全图.

各列空格的允许填数

1234689	12345678	2356789	1234569	1345678	1236789	456789	12345678	1234569
							9	
7					4			
				2		1		
			1		9	2		
				8				
5								7
				7		5		8
		9	4			3		

宫1和行1中定格的填数是79。从1234689中删去79，得123468，填入 $\overline{11}$ 格。从12345678中删去79，得1234568，填入 $\overline{12}$ 格。从2356789中删去79，得23568，填入 $\overline{13}$ 格。宫2和行1中定格的填数是249。从1234569中删去249，得1356，填入 $\overline{14}$ 格。从1345678中删去249，得135678，填入 $\overline{15}$ 格。从1236789中删去249，得13678，填入 $\overline{16}$ 格。宫3和行1中定格的填数是19。从456789中删去19，得45678，填入 $\overline{17}$ 格。从1234569中删去19，得23456，填入 $\overline{19}$ 格。

第一行空格的允许填数

1234689	12345678	2356789	1234569	1345678	1236789	456789	12345678	1234569
123468	1234568	23568	1356	135678	13678	45678	9	23456
7					4			
				2		1		
			1		9	2		
				8				
5								7
				7		5		8
		9	4			3		

宫1和行2中定格的填数是47。从12345678中删去47，得123568，填入 $\overline{22}$ 格。从2356789中删去47，得235689，填入 $\overline{23}$ 格。宫2和行2中定格的填数是247。从1234569中删去247，得13569，填入 $\overline{24}$ 格。从1345678中删去247，得13568，填入 $\overline{25}$ 格。宫3和行2中定格的

填数是 1479. 从 456789 中删去 1479, 得 568, 填入 $\overline{27}$ 格. 从 12345678 中删去 1479, 得 23568, 填入 $\overline{28}$ 格. 从 1234569 中删去 1479, 得 2356, 填入 $\overline{29}$ 格.

第二行空格的允许填数

1234689	12345678	2356789	1234569	1345678	1236789	456789	12345678	1234569
123468	1234568	23568	1356	135678	13678	45678	9	23456
7	123568	235689	13569	13568	4	568	23568	2356
				2		1		
		1		9		2		
				8				
5								7
			7		5			8
	9	4				3		

以此类推, 填出此题的数独全图.

全图 ($n = 17$)

123468	1234568	23568	1356	135678	13678	45678	9	23456
7	123568	235689	13569	13568	4	568	23568	2356
34689	34568	35689	3569	2	36789	1	345678	3456
3468	34678	1	3456	9	367	2	34568	3456
23469	23467	23679	8	134567	12367	4569	13456	134569
5	23468	23689	12346	1346	1236	4689	13468	7
12368	1235678	235678	123469	13468	123689	45679	124567	124569
1236	1236	236	7	1346	5	469	1246	8
1268	9	4	126	168	1268	3	12567	1256

一旦填出数独全图, 适用运算规则 1 的空格就会凸显出来, 适用运算规则 2 和运算规则 3 的空格也许更容易寻找. 如这个全图中的行 8, 数 9 只出现在 $\overline{87}$ 格, 可以采用运算规则 2(行 8 $\mapsto$ $\overline{87}$ = 9), 把 $\overline{87}$ 格变成定格 9. 总之, 上述三条运算规则只是简化了数独题目, 对解题的帮助有限.

接下来归纳证明新的运算规则.

运算规则 4: 如果和定格 x 属同一个单元的空格包含允许填数 x, 则要删除该数. 如果定格 x 位于 $\overline{ab}$ 格, 这样的删数步骤用符号 (ab)

表示.

这一运算规则是数独基本规定的另一种表述. 这里所说的定格是指除提示数外新产生的定格, 就像上例中 $\overline{87}$ 格的定格 9. 按表达定格或空格位置的规定, 删数符号应该记成 $\overline{(ab)}$. 但是由于删数步骤使用太多, 本书建议简化符号, 改用符号 (ab).

为了便于理解, 可换一种方式来描述运算规则 4. 即如果一个单元中有一格的允许填数只有一个数 x (新定格), 则这个单元所有其他空格的允许填数中, 若含 x 都要删去. 如果一个单元中有两格的允许填数都是相同的两个数 xy, 虽然不知道哪格将是定格 x, 哪格将是定格 y, 但只有两种可能, 即其中一格是定格 x, 另一格是定格 y. 因此在这个单元中所有其他空格的允许填数, 若含 x 或 y 都要删去. 这样的允许填数都是 xy 的两格称为 "二格团 xy". 一个单元中如包含二格团 xy, 则此单元中所有其他空格的允许填数, 若含 x 或 y 都要删去. 按这样的定义, 定格 x 可以称为 "单格团 x".

再推广. 如果一个单元中有三格的允许填数都是 x、y 和 z 三个数的组合, 如允许填数中三个都是 xyz, 或是 xy、xyz 和 xyz, 或是 xy、yz 和 xyz, 或是 xy、yz 和 xz. 虽然不知道在这三格中哪格将是定格 x, 哪格将是定格 y, 哪格将是定格 z, 但是在这三格中, 必有一格是定格 x, 必有一格是定格 y, 必有一格是定格 z. 因此, 在这个单元所有其他空格的允许填数中, 若含 x, 或 y, 或 z 都要删去. 这样的填数都是 x、y 和 z 三个数的组合的三格称为 "三格团 xyz", 一个单元中如包含三格团 xyz, 则此单元所有其他空格的允许填数, 若含 x, 或 y, 或 z 都要删去. 一个三格团尽量不包含二格团, 即这三个格子的允许填数不要是 xy、xy 和 xyz, 因为前两个格子形成二格团, 第三个格子就会变成定格.

推广到一般情况, 如果在一个单元中包含 m 个空格, 它们的允许

填数都是 m 个数 $\{x_1, x_2, \cdots, x_m\}$ 的组合，按照数独的基本规定，这个单元所有其他空格中包含的允许填数 $x_1, x_2, \cdots, x_{m-1}$, 或 x_m 都要删除. 一个单元中这样的 m 个格子称为填数为 $\{x_1, x_2, \cdots, x_m\}$ 的 m-格团, 简称为 m-格团. 我们要求 m-格团不包含 m'-格团, 其中 $m' < m$.

运算规则 5: 如果一个单元包含 m-格团, 即包含 m 个空格, 它们的允许填数都是 m 个数 $\{x_1, x_2, \cdots, x_m\}$ 的组合, 则这个单元所有其他空格中包含的允许填数 $x_1, x_2, \cdots, x_m$ 都要删除. 如果这个单元是行 a, 则此删数步骤记作 (行 $a - x_1, x_2, \cdots, x_m$); 如果这个单元是列 b 或宫 d, 则此删数步骤分别记作 (列 $b - x_1, x_2, \cdots, x_m$) 或 (宫 $d - x_1, x_2, \cdots, x_m$).

在解数独题目时, 经常用到运算规则 5. 如前面给出的提示数为 17 的例子, 它的全图行 9 就包含一个四格团.

全图 ($n = 17$)

123468	1234568	23568	1356	135678	13678	45678	9	23456
7	123568	235689	13569	13568	4	568	23568	2356
34689	34568	35689	3569	2	36789	1	345678	3456
3468	34678	1	3456	9	367	2	34568	3456
23469	23467	23679	8	134567	12367	4569	13456	134569
5	23468	23689	12346	1346	1236	4689	13468	7
12368	1235678	235678	123469	13468	123689	45679	124567	124569
1236	1236	236	7	1346	5	469	1246	8
1268	9	4	126	168	1268	3	12567	1256

$\overline{91}$ 格、$\overline{94}$ 格、$\overline{95}$ 格和 $\overline{96}$ 格的允许填数分别是 1268、126、168 和 1268, 它们构成四格团, 经过运算规则 5 的操作 (行 $9 - 1268$), $\overline{98}$ 格的允许填数 12567 变成 57, 而 $\overline{99}$ 格的允许填数 1256 变成 5, 即 $\overline{99}$ 格变成定格 5.

值得注意的是, 运算规则 2 和运算规则 5 有相辅相成的关系. 如果一个单元中, 数 x 对其中 8 个格子是不允许填数, 则按照运算规则 2, 第九格是定格 x. 但这个单元中的 8 个格子一定构成一个八格团,或者将这个八格团分解成几个多格团, 按照运算规则 5, 推导出第九格是定格 x. 如果一个单元中, 数 x 和 y 对其中 7 个格子是不允许填数, 则这个单元中的 7 个格子一定构成一个七格团, 或者分解成几个多格团, 可以按照运算规则 5, 导出余下两格是二格团 xy. 在这个意义下, 我们不再推广运算规则 2.

设宫 d 和行 a 相交于三格, 称为宫 d 和行 a 相交的三格. 如果宫 d 的所有格子中, 允许填数 x 只出现在宫 d 和行 a 相交的三格, 也就是说, 在宫 d 的其余 6 个格子中数 x 都是不允许填数. 按照数独基本规定, 在宫 d 和行 a 相交的三格中必有一格是定格 x. 因此, 在行 a 的其余 6 个格子中, 数 x 一定是不允许填数, 在现在的全图中, 这些空格如果含有允许填数 x 则必须删去.

反之, 如果在行 a 的所有格子中, 允许填数 x 只出现在行 a 和宫 d 相交的三格, 也就是说, 在行 a 的其余 6 个格子中, 数 x 都是不允许填数, 按照数独基本规定, 在这相交的三格中必有一格是定格 x. 因此, 在宫 d 的其余 6 个格子中, 数 x 一定是不允许填数, 在现在的全图中, 这些空格如果含有允许填数 x 则必须删去.

上述结论同样适用于宫 d 和列 b 相交的情况.

运算规则 6: 设宫 d 的所有格子中, 允许填数 x 只出现在宫 d 和行 a 相交的三格, 则数 x 在行 a 的其余 6 个格子中一定是不允许填数, 在现在的全图中, 这些格子如果含有允许填数 x 则必须删去. 这样的删数步骤记作 (宫 d 行 $a \mapsto x$). 反之, 设行 a 的所有格子中, 允许填数 x 只出现在行 a 和宫 d 相交的三格, 则数 x 在宫 d 的其余 6 个格子中一定是不允许填数, 在现在的全图中, 这些格子如果含有允许填数 x 则必须删去. 这样的删数步骤记作 (行 a 宫 $d \mapsto x$).

运算规则 6 同样适用于宫 d 和列 b 相交的情况, 只需把行 a 换成列 b 即可.

运算规则 6 成立的条件相对复杂一些. 在第 2 章的例题中, 凡是用到运算规则 6 的操作, 都附有文字说明. 前面给出的提示数为 17 的数独题目的全图中, 就包含两个可以应用运算规则 6 的地方.

宫 7 的允许填数 7 集中在与行 7 相交的格子里, 因此行 7 其他格子的允许填数 7 都应该删去, 即 $\overline{77}$ 格和 $\overline{78}$ 格的允许填数 7 应该删去.

宫 8 的允许填数 9 集中在与行 7 相交的格子里, 因此行 7 其他格子的允许填数 9 都应该删去, 即 $\overline{77}$ 格和 $\overline{79}$ 格的允许填数 9 应该删去.

(宫 7 行 7 ↦ 7), (宫 8 行 7 ↦ 9)

123468	1234568	23568	1356	135678	13678	45678	9	23456
7	123568	235689	13569	13568	4	568	23568	2356
34689	34568	35689	3569	2	36789	1	345678	3456
3468	34678	1	3456	9	367	2	34568	3456
23469	23467	23679	8	134567	12367	4569	13456	134569
5	23468	23689	12346	1346	1236	4689	13468	7
12368	1235678	235678	123469	13468	123689	456	12456	12456
1236	1236	236	7	1346	5	469	1246	8
1268	9	4	126	168	1268	3	12567	1256

第 2 章　数独运算规则应用举例

本章以一些难度适中的数独题目为例, 介绍采用运算规则 1~6 进行求解的方法. 其中数独题目 1~4 来自网上题库, 先用运算规则 1~3 简化题目, 然后画出全图求解. 数独题目 5 和 6 是世界数独锦标赛的真题, 这类题目技巧性比较强, 采用混合方法求解. 本书不给出全图, 而是寻找比较简单的单元, 填入各空格的允许填数进行求解. 数独题目 7~9 的提示数都是 17, 采用运算规则 1~3 来简化数独题目的可能性很小, 因此直接根据数独题目给出数独全图进行解题. 数独题目 10 只列出题目、运算操作符号和终盘, 检验读者能不能通过运算操作符号读懂数独题目的解题过程, 以及补齐解题过程全图的变化.

数独题目的求解过程多种多样, 本书中只提供其中一种解法, 即用运算规则的操作符号表示出来, 每四步给出全图的变化. 两个操作符号之间用分号或逗号分开, 分号后的操作必须在分号前的操作完成后才能进行, 逗号前后两个操作可以独立进行. 比较操作前后全图的变化, 有助于理解操作符号的意义. 建议读者在看完几道题的求解过程后, 开始独立求解, 有困难时再查阅本书. 通过这些数独题目的实践, 希望读者能够独立求解绝大多数数独题目.

2.1　数独题目 1

($n = 24$)

		3			5			
	8	2				7		
	1			3				
	6			8	3			4
			7		1			
4			9	5			3	
				2			8	
		7				6	1	
			3			9		

(行 $-\overline{29} = 3$), (行 $-\overline{55} = 4$)

		3			5			
	8	2				7		3
	1			3				
	6			8	3			4
			7	4	1			
4			9	5			3	
				2			8	
		7				6	1	
			3			9		

(列 $-\overline{77} = 3$), ($\overline{44} = 2$)

	3		5					
8	2				7		3	
1			3					
	6		2	8	3			4
			7	4	1			
4			9	5			3	
			2			3	8	
	7					6	1	
			3			9		

($\overline{66} = 6$), (列 $-\overline{36} = 2$)

	3		5					
8	2				7		3	
1			3	2				
	6		2	8	3			4
			7	4	1			
4			9	5	6		3	
			2			3	8	
	7					6	1	
			3			9		

($\overline{85} = 9$); (列 $-\overline{26} = 9$)

	3		5					
8	2			9	7		3	
1			3	2				
	6		2	8	3			4
			7	4	1			
4			9	5	6		3	
			2			3	8	
	7		9			6	1	
			3			9		

(宫 9 ↦ $\overline{98} = 4$); (列 8 ↦ $\overline{48} = 7$)

	3		5					
8	2			9	7		3	
1			3	2				
	6		2	8	3		7	4
			7	4	1			
4			9	5	6		3	
			2			3	8	
	7		9			6	1	
			3			9	4	

全图

679	479	3	1468	167	5	1248	269	12689
569	8	2	146	16	9	7	569	3
5679	1	4569	468	3	2	458	569	5689
159	6	159	2	8	3	15	7	4
23589	2359	589	7	4	1	258	2569	25689
4	27	18	9	5	6	128	3	128
1569	459	14569	1456	2	47	3	8	57
2358	2345	7	458	9	48	6	1	25
12568	25	1568	3	167	78	9	4	257

(宫 2 – 1468), (宫 8 – 478), (列 9 – 257); (行 6 – 18)

679	479	3	1468	7	5	1248	269	1689
569	8	2	146	16	9	7	569	3
5679	1	4569	468	3	2	458	569	689
159	6	159	2	8	3	15	7	4
23589	2359	589	7	4	1	258	2569	689
4	27	18	9	5	6	2	3	18
1569	459	14569	156	2	47	3	8	57
2358	2345	7	5	9	48	6	1	25
12568	25	1568	3	16	78	9	4	257

(15), (67), (84); (89)

69	49	3	1468	7	5	148	269	1689
569	8	2	146	16	9	7	569	3
5679	1	4569	468	3	2	458	569	689
159	6	159	2	8	3	15	7	4
23589	2359	589	7	4	1	58	569	689
4	7	18	9	5	6	2	3	18
1569	459	14569	16	2	47	3	8	57
38	34	7	5	9	48	6	1	2
12568	25	1568	3	16	78	9	4	57

(26), (宫6-158); (行5-69); (行5-58)

69	49	3	1468	7	5	148	269	1689
56	8	2	146	16	9	7	56	3
5679	1	4569	468	3	2	458	569	689
159	6	159	2	8	3	15	7	4
23	23	58	7	4	1	58	69	69
4	7	18	9	5	6	2	3	18
1569	459	14569	16	2	47	3	8	57
38	34	7	5	9	48	6	1	2
12568	25	1568	3	16	78	9	4	57

(行2-56); (25); (24), (95)

69	49	3	68	7	5	148	269	1689
56	8	2	4	1	9	7	56	3
5679	1	4569	68	3	2	458	569	689
159	6	159	2	8	3	15	7	4
23	23	58	7	4	1	58	69	69
4	7	18	9	5	6	2	3	18
1569	459	14569	1	2	47	3	8	57
38	34	7	5	9	48	6	1	2
1258	25	158	3	6	78	9	4	57

(74), (列8-569); (列1-569); (41)

69	49	3	68	7	5	148	2	1689
56	8	2	4	1	9	7	56	3
7	1	4569	68	3	2	458	569	689
1	6	59	2	8	3	5	7	4
23	23	58	7	4	1	58	69	69
4	7	8	9	5	6	2	3	18
569	459	4569	1	2	47	3	8	57
38	34	7	5	9	48	6	1	2
28	25	158	3	6	78	9	4	57

(列 $-\overline{93} = 1$), (47), (63); (43)

69	49	**3**	68	7	**5**	148	2	1689
56	**8**	**2**	4	1	9	**7**	56	3
7	**1**	456	68	**3**	2	48	569	689
1	**6**	9	2	**8**	**3**	5	7	**4**
23	23	5	**7**	4	**1**	8	69	69
4	7	8	**9**	**5**	6	2	**3**	1
569	459	456	1	**2**	47	3	**8**	57
38	34	**7**	5	9	48	**6**	**1**	2
28	25	1	**3**	6	78	**9**	4	57

(53), (57); (37); (33)

9	49	**3**	68	7	**5**	1	2	1689
5	**8**	**2**	4	1	9	**7**	56	3
7	**1**	6	8	**3**	2	4	59	89
1	**6**	9	2	**8**	**3**	5	7	**4**
23	23	5	**7**	4	**1**	8	69	69
4	7	8	**9**	**5**	6	2	**3**	1
569	459	4	1	**2**	47	3	**8**	57
38	34	**7**	5	9	48	**6**	**1**	2
28	25	1	**3**	6	78	**9**	4	57

(11), (17), (21), (34)

9	4	**3**	6	7	**5**	1	2	68
5	**8**	**2**	4	1	9	**7**	6	3
7	**1**	6	8	**3**	2	4	59	9
1	**6**	9	2	**8**	**3**	5	7	**4**
23	23	5	**7**	4	**1**	8	69	69
4	7	8	**9**	**5**	6	2	**3**	1
6	459	4	1	**2**	47	3	**8**	57
38	34	**7**	5	9	48	**6**	**1**	2
28	25	1	**3**	6	78	**9**	4	57

(28), (39), (73); (82)

9	4	**3**	6	7	**5**	1	2	8
5	**8**	**2**	4	1	9	**7**	6	3
7	**1**	6	8	**3**	2	4	5	9
1	**6**	9	2	**8**	**3**	5	7	**4**
23	2	5	**7**	4	**1**	8	9	6
4	7	8	**9**	**5**	6	2	**3**	1
6	59	4	1	**2**	7	3	**8**	57
8	3	**7**	5	9	48	**6**	**1**	2
28	25	1	**3**	6	78	**9**	4	57

(52), (76), (81); (79), 数独终盘

9	4	**3**	6	7	**5**	1	2	8
5	**8**	**2**	4	1	9	**7**	6	3
7	**1**	6	8	**3**	2	4	5	9
1	**6**	9	2	**8**	**3**	5	7	**4**
3	2	5	**7**	4	**1**	8	9	6
4	7	8	**9**	**5**	6	2	**3**	1
6	9	4	1	**2**	7	3	**8**	5
8	3	**7**	5	9	4	**6**	**1**	2
2	5	1	**3**	6	8	**9**	4	7

2.2 数独题目2

($n = 25$)

	3				1			
6			7	1				
		5		2	8		4	
8	1	3						
			7					
						1	9	4
	7		1	8		2		
				9	6			7
	2						5	

(行 $-\overline{84} = 2$), (行 $-\overline{96} = 7$)

	3				1			
6			7	1				
		5		2	8		4	
8	1	3						
			7					
						1	9	4
	7		1	8		2		
			2	9	6			7
	2				7		5	

(宫 8↦ $\overline{76}=5$); ($\overline{94}=4$)

	3						**1**	
6			**7**	**1**				
		5		**2**	**8**		**4**	
8		**1**	**3**					
				7				
					1	**9**		**4**
	7		**1**	**8**	5	**2**		
			2	**9**	**6**			**7**
	2		4		7		**5**	

(列 $-\overline{87}=4$), ($\overline{95}=3$); (列 $-\overline{26}=3$)

	3						**1**	
6			**7**	**1**	3			
		5		**2**	**8**		**4**	
8		**1**	**3**					
				7				
					1	**9**		**4**
	7		**1**	**8**	5	**2**		
			2	**9**	**6**	4		**7**
	2		4	3	7		**5**	

全图

2479	**3**	24789	569	456	49	5678	**1**	25689
6	489	2489	**7**	**1**	3	58	289	2589
179	19	**5**	69	**2**	**8**	367	**4**	369
8	4569	**1**	**3**	456	249	567	267	256
23459	4569	23469	5689	**7**	249	13568	2368	123568
2357	56	2367	568	56	**1**	**9**	23678	**4**
349	**7**	3469	**1**	**8**	5	**2**	369	369
135	158	38	2	**9**	**6**	4	38	**7**
19	**2**	689	4	3	7	168	**5**	1689

(行 6 – 56), (行 8 – 38); (64), (宫 7 – 15)

2479	**3**	24789	569	456	49	5678	**1**	25689
6	489	2489	**7**	**1**	3	58	289	2589
179	19	**5**	69	**2**	**8**	367	**4**	369
8	4569	**1**	**3**	456	249	567	267	256
23459	4569	23469	569	**7**	249	13568	2368	123568
237	56	237	8	56	**1**	**9**	237	**4**
349	**7**	3469	**1**	**8**	5	**2**	369	369
15	15	38	2	**9**	**6**	4	38	**7**
9	**2**	689	4	3	7	168	**5**	1689

宫 4 的允许填数 7 集中在与行 6 相交的格子里, 因此行 6 其他格子的允许填数 7 都应该删去, 即 $\overline{68}$ 格的允许填数 7 应该删去. 然后, 列 8 的允许填数 7 只出现在 $\overline{48}$ 格, 因此它应该变成定格 7.

(宫 4 行 6 ↦ 7), (91); (列 8 ↦ $\overline{48}$ = 7); (48)

247	3	24789	569	456	49	5678	1	25689
6	489	2489	7	1	3	58	289	2589
17	19	5	69	2	8	367	4	369
8	4569	1	3	456	249	56	7	256
2345	4569	23469	569	7	249	13568	2368	123568
237	56	237	8	56	1	9	23	4
34	7	346	1	8	5	2	369	369
15	15	38	2	9	6	4	38	7
9	2	68	4	3	7	168	5	168

(列 2 ↦ $\overline{22}$ = 8); (22); (27); (47)

247	3	2479	569	456	49	78	1	2689
6	8	249	7	1	3	5	29	29
17	19	5	69	2	8	37	4	369
8	459	1	3	45	249	6	7	25
2345	4569	23469	569	7	249	138	238	12358
237	56	237	8	56	1	9	23	4
34	7	346	1	8	5	2	369	369
15	15	38	2	9	6	4	38	7
9	2	68	4	3	7	18	5	168

(列 8 − 238); (28); (29), (78)

247	3	2479	569	456	49	78	1	68
6	8	4	7	1	3	5	9	2
17	19	5	69	2	8	37	4	36
8	459	1	3	45	249	6	7	5
2345	4569	23469	569	7	249	138	238	1358
237	56	237	8	56	1	9	23	4
34	7	34	1	8	5	2	6	39
15	15	38	2	9	6	4	38	7
9	2	68	4	3	7	18	5	18

(23), (49); (45), (73)

27	3	279	569	56	49	78	1	68
6	8	4	7	1	3	5	9	2
17	19	5	69	2	8	37	4	36
8	9	1	3	4	29	6	7	5
2345	4569	269	569	7	29	138	238	138
237	56	27	8	56	1	9	23	4
4	7	3	1	8	5	2	6	9
15	15	8	2	9	6	4	38	7
9	2	68	4	3	7	18	5	18

(42), (83); (32), (46)

27	3	279	569	56	49	78	1	68
6	8	4	7	1	3	5	9	2
7	1	5	69	2	8	37	4	36
8	9	1	3	4	2	6	7	5
2345	456	26	569	7	9	138	238	138
237	56	27	8	56	1	9	23	4
4	7	3	1	8	5	2	6	9
15	5	8	2	9	6	4	3	7
9	2	6	4	3	7	18	5	18

(31), (82), (88), (93)

2	3	29	569	56	49	78	1	68
6	8	4	7	1	3	5	9	2
7	1	5	69	2	8	3	4	36
8	9	1	3	4	2	6	7	5
2345	46	2	569	7	9	138	28	138
23	6	27	8	56	1	9	2	4
4	7	3	1	8	5	2	6	9
1	5	8	2	9	6	4	3	7
9	2	6	4	3	7	18	5	18

(37), (53), (56), (62)

2	3	9	569	56	4	78	1	68
6	8	4	7	1	3	5	9	2
7	1	5	69	2	8	3	4	6
8	9	1	3	4	2	6	7	5
345	4	2	56	7	9	18	8	138
3	6	7	8	5	1	9	2	4
4	7	3	1	8	5	2	6	9
1	5	8	2	9	6	4	3	7
9	2	6	4	3	7	18	5	18

(39), (52), (58), (61)

2	3	9	569	56	4	78	1	8
6	8	4	7	1	3	5	9	2
7	1	5	9	2	8	3	4	6
8	9	1	3	4	2	6	7	5
5	4	2	56	7	9	1	8	13
3	6	7	8	5	1	9	2	4
4	7	3	1	8	5	2	6	9
1	5	8	2	9	6	4	3	7
9	2	6	4	3	7	18	5	18

(13), (19), (57), (65)

2	3	9	56	6	4	7	1	8
6	8	4	7	1	3	5	9	2
7	1	5	9	2	8	3	4	6
8	9	1	3	4	2	6	7	5
5	4	2	6	7	9	1	8	3
3	6	7	8	5	1	9	2	4
4	7	3	1	8	5	2	6	9
1	5	8	2	9	6	4	3	7
9	2	6	4	3	7	8	5	1

(15), 数独终盘

2	3	9	5	6	4	7	1	8
6	8	4	7	1	3	5	9	2
7	1	5	9	2	8	3	4	6
8	9	1	3	4	2	6	7	5
5	4	2	6	7	9	1	8	3
3	6	7	8	5	1	9	2	4
4	7	3	1	8	5	2	6	9
1	5	8	2	9	6	4	3	7
9	2	6	4	3	7	8	5	1

2.3 数独题目 3

(行 $-\overline{55}=3$), (行 $-\overline{81}=5$), ($\overline{74}=4$);

($n=26$)

($\overline{24}=3$), (行 $-\overline{96}=3$), (列 $-\overline{62}=5$)

1					**6**			
	8						**7**	
	6	**5**	**1**			**8**	**4**	
	1	**3**			**9**			
			5		**1**			
			2			**3**	**1**	
	3	**8**			**5**	**7**	**6**	
	7						**3**	
			9					**5**

1					**6**			
	8		3				**7**	
	6	**5**	**1**			**8**	**4**	
	1	**3**			**9**			
			5	3	**1**			
	5		**2**			**3**	**1**	
	3	**8**	4		**5**	**7**	**6**	
5	**7**						**3**	
			9		3			**5**

全图

1	249	2479	78	245789	**6**	259	259	239
249	**8**	249	3	2459	24	12569	**7**	1269
2379	**6**	**5**	**1**	279	27	**8**	**4**	239
24678	**1**	**3**	678	4678	**9**	2456	258	24678
246789	249	24679	**5**	3	**1**	2469	289	246789
46789	5	4679	**2**	4678	478	**3**	**1**	46789
29	**3**	**8**	4	12	**5**	**7**	**6**	129
5	**7**	12469	68	1268	28	1249	**3**	12489
246	24	1246	**9**	12678	3	124	28	**5**

(行 9 – 1246), (行 2 – 249); (25), (98)

1	249	2479	78	24789	**6**	259	259	239
249	**8**	249	3	5	24	16	**7**	16
2379	**6**	**5**	**1**	279	27	**8**	**4**	239
24678	**1**	**3**	678	4678	**9**	2456	25	24678
246789	249	24679	**5**	3	**1**	2469	29	246789
46789	5	4679	**2**	4678	478	**3**	**1**	46789
29	**3**	**8**	4	12	**5**	**7**	**6**	129
5	**7**	12469	68	1268	28	1249	**3**	1249
246	24	1246	**9**	7	3	124	8	**5**

行 2 的允许填数 9 集中在与宫 1 相交的格子里, 因此宫 1 其他格子的允许填数 9 应该删去, 即 $\overline{12}$ 格、$\overline{13}$ 格和 $\overline{31}$ 格的允许填数 9 应该删去.

(行 2 宫 1 ↦ 9)

1	24	247	78	24789	6	259	259	239
249	8	249	3	5	24	16	7	16
237	6	5	1	279	27	8	4	239
24678	1	3	678	4678	9	2456	25	24678
246789	249	24679	5	3	1	2469	29	246789
46789	5	4679	2	4678	478	3	1	46789
29	3	8	4	12	5	7	6	129
5	7	12469	68	1268	28	1249	3	1249
246	24	1246	9	7	3	124	8	5

(95), (宫 1 − 249), (列 2 − 24); (13)

1	24	7	8	2489	6	259	259	239
249	8	249	3	5	24	16	7	16
3	6	5	1	29	27	8	4	239
24678	1	3	678	468	9	2456	25	24678
246789	9	2469	5	3	1	2469	29	246789
46789	5	469	2	468	478	3	1	46789
29	3	8	4	12	5	7	6	129
5	7	12469	68	1268	28	1249	3	1249
246	24	1246	9	7	3	124	8	5

(14), (31), (行 $-\overline{19}=3$); (84)

1	24	7	8	249	6	259	259	3
249	8	249	3	5	24	16	7	16
3	6	5	1	29	27	8	4	29
24678	1	3	7	468	9	2456	25	24678
246789	9	2469	5	3	1	2469	29	246789
46789	5	469	2	468	478	3	1	46789
29	3	8	4	12	5	7	6	129
5	7	1249	6	128	28	1249	3	1249
246	24	1246	9	7	3	124	8	5

(52), (行 3 − 29); (36), (58)

1	24	7	8	249	6	259	59	3
249	8	249	3	5	24	16	7	16
3	6	5	1	29	7	8	4	29
24678	1	3	7	468	9	456	5	4678
4678	9	46	5	3	1	46	2	4678
4678	5	46	2	468	48	3	1	46789
29	3	8	4	12	5	7	6	129
5	7	1249	6	128	28	1249	3	1249
246	24	1246	9	7	3	124	8	5

(48); (18), (宫 6 – 46), (列 7 – 46)

1	24	7	8	24	**6**	25	9	3
249	**8**	249	3	5	24	1	**7**	16
3	**6**	**5**	**1**	29	7	**8**	**4**	2
24678	**1**	**3**	7	468	**9**	46	5	78
4678	9	46	**5**	3	**1**	46	2	78
4678	5	46	**2**	468	48	**3**	**1**	789
29	**3**	**8**	4	12	**5**	**7**	**6**	129
5	**7**	1249	6	128	28	129	**3**	1249
246	24	1246	**9**	7	3	12	8	**5**

(27), (39), (宫 6 – 78); (69)

1	24	7	8	24	**6**	5	9	3
249	**8**	249	3	5	24	1	**7**	6
3	**6**	**5**	**1**	9	7	**8**	**4**	2
24678	**1**	**3**	7	468	**9**	46	5	78
4678	9	46	**5**	3	**1**	46	2	78
4678	5	46	**2**	468	48	**3**	**1**	9
29	**3**	**8**	4	12	**5**	**7**	**6**	1
5	**7**	1249	6	128	28	29	**3**	14
246	24	1246	**9**	7	3	2	8	**5**

(79), (宫 4 – 46), (列 3 – 46); (97)

1	24	7	8	24	**6**	5	9	3
249	**8**	29	3	5	24	1	**7**	6
3	**6**	**5**	**1**	9	7	**8**	**4**	2
278	**1**	**3**	7	468	**9**	46	5	78
78	9	46	**5**	3	**1**	46	2	78
78	5	46	**2**	468	48	**3**	**1**	9
29	**3**	**8**	4	2	**5**	**7**	**6**	1
5	**7**	129	6	128	28	9	**3**	4
46	4	1	**9**	7	3	2	8	**5**

(75), (87), (92); (86)

1	2	7	8	4	**6**	5	9	3
249	**8**	29	3	5	24	1	**7**	6
3	**6**	**5**	**1**	9	7	**8**	**4**	2
278	**1**	**3**	7	468	**9**	46	5	78
78	9	46	**5**	3	**1**	46	2	78
78	5	46	**2**	468	4	**3**	**1**	9
9	**3**	**8**	4	2	**5**	**7**	**6**	1
5	**7**	12	6	1	8	9	**3**	4
6	4	1	**9**	7	3	2	8	**5**

(12), (44), (66), (93)

1	2	7	8	4	**6**	5	9	3
49	**8**	9	3	5	2	1	**7**	6
3	**6**	**5**	**1**	9	7	**8**	**4**	2
28	**1**	**3**	7	68	**9**	46	5	8
78	9	46	**5**	3	**1**	46	2	78
78	5	6	**2**	68	4	**3**	**1**	9
9	**3**	**8**	4	2	**5**	**7**	**6**	1
5	**7**	2	6	1	8	9	**3**	4
6	4	1	**9**	7	3	2	8	**5**

(23), (49), (63); (45)

1	2	7	8	4	**6**	5	9	3
4	**8**	9	3	5	2	1	**7**	6
3	**6**	**5**	**1**	9	7	**8**	**4**	2
2	**1**	**3**	7	6	**9**	4	5	8
78	9	4	**5**	3	**1**	46	2	7
78	5	6	**2**	8	4	**3**	**1**	9
9	**3**	**8**	4	2	**5**	**7**	**6**	1
5	**7**	2	6	1	8	9	**3**	4
6	4	1	**9**	7	3	2	8	**5**

(47), (59), (65), 数独终盘

1	2	7	8	4	**6**	5	9	3
4	**8**	9	3	5	2	1	**7**	6
3	**6**	**5**	**1**	9	7	**8**	**4**	2
2	**1**	**3**	7	6	**9**	4	5	8
8	9	4	**5**	3	**1**	6	2	7
7	5	6	**2**	8	4	**3**	**1**	9
9	**3**	**8**	4	2	**5**	**7**	**6**	1
5	**7**	2	6	1	8	9	**3**	4
6	4	1	**9**	7	3	2	8	**5**

2.4 数独题目 4

($n = 25$)

(列 $-\overline{76} = 7$), (行 $-\overline{94} = 1$),
($\overline{74} = 2$); ($\overline{75} = 6$); ($\overline{86} = 5$),
(列 $-\overline{97} = 2$), (列 $-\overline{16} = 6$)

4			**7**	**8**				
		5		**1**	**3**		**2**	
	6						**8**	
3		**8**	**6**					
				7				
					8	**9**		**2**
	1						**5**	
	7		**8**	**3**		**1**		
				9	**4**			**7**

4			**7**	**8**	6			
		5		**1**	**3**		**2**	
	6						**8**	
3		**8**	**6**					
				7				
					8	**9**		**2**
	1		2	6	7		**5**	
	7		**8**	**3**	5	**1**		
			1	**9**	**4**	2		**7**

全图

4	239	1239	**7**	**8**	6	35	139	1359
789	89	**5**	49	**1**	**3**	467	**2**	469
1279	**6**	12379	459	245	29	3457	**8**	13459
3	2459	**8**	**6**	245	129	457	147	145
12569	2459	12469	3459	**7**	129	34568	1346	134568
1567	45	1467	345	45	**8**	**9**	13467	**2**
89	**1**	349	2	6	7	348	**5**	3489
269	**7**	2469	**8**	**3**	5	**1**	469	469
568	358	36	1	**9**	**4**	2	36	**7**

(行 6 – 45), (行 9 – 36); (64), (宫 7 – 58)

4	239	1239	**7**	**8**	6	35	139	1359
789	89	**5**	49	**1**	**3**	467	**2**	469
1279	**6**	12379	459	245	29	3457	**8**	13459
3	2459	**8**	**6**	245	129	457	147	145
12569	2459	12469	459	**7**	129	34568	1346	134568
167	45	167	3	45	**8**	**9**	167	**2**
9	**1**	349	2	6	7	348	**5**	3489
269	**7**	2469	**8**	**3**	5	**1**	469	469
58	58	36	1	**9**	**4**	2	36	**7**

(71), (列 2 ↦ $\overline{12}$ = 3); (12); (17)

4	3	129	7	8	6	5	19	19
78	89	5	49	1	3	467	2	469
127	6	1279	459	245	29	347	8	1349
3	2459	8	6	245	129	47	147	145
1256	2459	12469	459	7	129	3468	1346	134568
167	45	167	3	45	8	9	167	2
9	1	34	2	6	7	348	5	348
26	7	246	8	3	5	1	469	469
58	58	36	1	9	4	2	36	7

(行 1 − 19), (宫 3 − 19); (13); (宫 7 − 346)

4	3	2	7	8	6	5	19	19
78	89	5	49	1	3	467	2	46
17	6	179	459	245	29	347	8	34
3	2459	8	6	245	129	47	147	145
1256	2459	1469	459	7	129	3468	1346	134568
167	45	167	3	45	8	9	167	2
9	1	34	2	6	7	348	5	348
2	7	46	8	3	5	1	469	469
58	58	36	1	9	4	2	36	7

宫 3 的允许填数 7 集中在与列 7 相交的格子里，因此列 7 其他格子的允许填数 7 应该删去，即 $\overline{47}$ 格的允许填数 7 应该删去. 然后，行 4 的允许填数 7 只出现在 $\overline{48}$ 格，因而 $\overline{48}$ 格应该变成定格 7.

(宫 3 列 7 ↦ 7); (行 4 ↦ $\overline{48}$ = 7); (48)

4	3	2	7	8	6	5	19	19
78	89	5	49	1	3	467	2	46
17	6	179	459	245	29	347	8	34
3	2459	8	6	245	129	4	7	145
1256	2459	1469	459	7	129	3468	1346	134568
167	45	167	3	45	8	9	16	2
9	1	34	2	6	7	348	5	348
2	7	46	8	3	5	1	469	469
58	58	36	1	9	4	2	36	7

(47), (81), (列 3 – 346); (列 8–136)

4	3	2	7	8	6	5	9	19
78	89	5	49	1	3	67	2	46
17	6	179	459	245	29	37	8	34
3	259	8	6	25	129	4	7	15
156	2459	19	459	7	129	368	136	13568
167	45	17	3	45	8	9	16	2
9	1	34	2	6	7	38	5	348
2	7	46	8	3	5	1	49	469
58	58	36	1	9	4	2	36	7

(18); (19), (88); (83)

4	3	2	7	8	6	5	9	1
78	89	5	49	1	3	67	2	46
17	6	179	459	245	29	37	8	34
3	259	8	6	25	129	4	7	5
156	2459	149	459	7	129	368	136	3568
167	45	17	3	45	8	9	16	2
9	1	34	2	6	7	38	5	38
2	7	6	8	3	5	1	4	9
58	58	3	1	9	4	2	36	7

(49), (93); (45); (42)

4	3	2	7	8	6	5	9	1
78	8	5	49	1	3	67	2	46
17	6	179	459	45	29	37	8	34
3	9	8	6	2	1	4	7	5
156	245	14	459	7	19	368	136	368
167	45	17	3	45	8	9	16	2
9	1	4	2	6	7	38	5	38
2	7	6	8	3	5	1	4	9
58	58	3	1	9	4	2	6	7

(22), (46), (73); (92)

4	3	2	7	8	6	5	9	1
7	8	5	49	1	3	67	2	46
17	6	179	459	45	29	37	8	34
3	9	8	6	2	1	4	7	5
156	24	1	459	7	9	368	136	368
167	4	17	3	45	8	9	16	2
9	1	4	2	6	7	38	5	38
2	7	6	8	3	5	1	4	9
8	5	3	1	9	4	2	6	7

第 2 章 数独运算规则应用举例 | 33

(21), (53), (56), (62)

4	3	2	**7**	**8**	6	5	9	1
7	8	**5**	49	**1**	**3**	6	**2**	46
1	**6**	9	459	45	2	37	**8**	34
3	9	**8**	**6**	2	1	**4**	7	5
56	2	1	45	**7**	9	368	36	368
6	4	7	3	5	**8**	**9**	16	**2**
9	**1**	4	2	6	7	38	**5**	38
2	**7**	6	**8**	**3**	5	**1**	4	9
8	5	3	**1**	**9**	**4**	2	6	**7**

(27), (98); (29), (58)

4	3	2	**7**	**8**	6	5	9	1
7	8	**5**	9	**1**	**3**	6	**2**	4
1	**6**	9	459	45	2	37	**8**	3
3	9	**8**	**6**	2	1	**4**	7	5
56	2	1	45	**7**	9	8	3	68
6	4	7	3	5	**8**	**9**	1	**2**
9	**1**	4	2	6	7	38	**5**	38
2	**7**	6	**8**	**3**	5	**1**	4	9
8	5	3	**1**	**9**	**4**	2	6	**7**

(24), (39), (57), (65)

4	3	2	**7**	**8**	6	5	9	1
7	8	**5**	9	**1**	**3**	6	**2**	4
1	**6**	9	45	4	2	7	**8**	3
3	9	**8**	**6**	2	1	**4**	7	5
56	2	1	4	**7**	9	8	3	6
6	4	7	3	5	**8**	**9**	1	**2**
9	**1**	4	2	6	7	3	**5**	8
2	**7**	6	**8**	**3**	5	**1**	4	9
8	5	3	**1**	**9**	**4**	2	6	**7**

(35), (61), 数独终盘

4	3	2	**7**	**8**	6	5	9	1
7	8	**5**	9	**1**	**3**	6	**2**	4
1	**6**	9	5	4	2	7	**8**	3
3	9	**8**	**6**	2	1	**4**	7	5
5	2	1	4	**7**	9	8	3	6
6	4	7	3	5	**8**	**9**	1	**2**
9	**1**	4	2	6	7	3	**5**	8
2	**7**	6	**8**	**3**	5	**1**	4	9
8	5	3	**1**	**9**	**4**	2	6	**7**

2.5 数独题目 5

本题为第五届世界数独锦标赛真题.

($n = 23$)

	9		2				7	
7			3		8			5
8	7						6	1
				2				
3	6						9	8
2			5		1			3
		4				7	1	

(列 $\overline{-76} = 2$), ($\overline{82} = 8$)

	9		2				7	
7			3		8			5
8	7						6	1
				2				
3	6						9	8
						2		
2	8		5		1			3
		4				7	1	

($\overline{88} = 4$); ($\overline{28} = 2$)

	9		2			7		
7			3		8		2	5
8	7						6	1
				2				
3	6						9	8
				2				
2	8		5		1		4	3
		4				7		1

($\overline{22} = 1$); ($\overline{52} = 5$)

	9		2			7		
7	1		3		8		2	5
8	7						6	1
	5			2				
3	6						9	8
				2				
2	8		5		1		4	3
		4				7		1

($\overline{72} = 3$); ($\overline{32} = 2$)

	9		2			7		
7	1		3		8		2	5
	2							
8	7						6	1
	5			2				
3	6						9	8
	3			2				
2	8		5		1		4	3
		4				7		1

($\overline{58} = 3$); ($\overline{38} = 8$)

	9		2			7		
7	1		3		8		2	5
	2						8	
8	7						6	1
	5			2			3	
3	6						9	8
	3			2				
2	8		5		1		4	3
		4				7		1

($\overline{78} = 5$), (行 $-\overline{54} = 8$)

	9		2			7		
7	1		3		8		2	5
	2						8	
8	7						6	1
	5		8	2			3	
3	6						9	8
	3			2		5		
2	8		5		1		4	3
		4				7		1

(行 $-\overline{56} = 6$), (行 $-\overline{13} = 8$)

	9	8	2			7		
7	1		3		8		2	5
	2						8	
8	7						6	1
	5		8	2	6		3	
3	6						9	8
	3			2		5		
2	8		5		1		4	3
		4				7		1

(列 $-\overline{33} = 3$); (行 $-\overline{17} = 3$)

	9	8	2			3	7	
7	1		3		8		2	5
	2	3					8	
8	7						6	1
	5		8	2	6		3	
3	6						9	8
	3			2		5		
2	8		5		1		4	3
		4				7		1

(行 $-\overline{95} = 3$); (列 $-\overline{46} = 3$)

	9	8	2			3	7	
7	1		3		8		2	5
	2	3					8	
8	7					3	6	1
	5		8	2	6		3	
3	6						9	8
	3			2		5		
2	8		5		1		4	3
		4		3	7			1

(列 $-\overline{75}=8$); (行 $-\overline{74}=4$)

	9	8	**2**			3	**7**	
7	1		**3**		**8**		2	**5**
	2	3					8	
8	**7**				3		**6**	**1**
	5		8	**2**	6		3	
3	**6**						**9**	**8**
	3		4	8	2		5	
2	8		**5**		**1**		4	**3**
	4			3	**7**		**1**	

填宫 6 和宫 4 的允许填数

	9	8	**2**			3	**7**	
7	1		**3**		**8**		2	**5**
	2	3					8	
8	**7**	24			3	25	**6**	**1**
19	5	19	8	**2**	6	47	3	47
3	**6**	24				25	**9**	**8**
	3		4	8	2		5	
2	8		**5**		**1**		4	**3**
	4			3	**7**		**1**	

宫 6 有 5 个定格, 余下 4 个对齐的允许填数是 2457, 但数 25 是第 5 行 2 个空格的不允许填数, 因而这 2 个空格只能填 47, 构成二格团, 其余 2 个空格的允许填数只能是 25.

宫 4 有 5 个定格, 余下 4 个空格的允许填数是 1249, 但数 24 是第 5 行 2 个空格的不允许填数, 因而这 2 个空格只能填 19, 构成二格团, 其余 2 个空格的允许填数只能是 24.

宫 1 有 6 个定格, 余下 3 个空格的允许填数是 456. 数 45 是空格 $\overline{23}$ 的不允许填数, 因此 $\overline{23}$ 格是定格 6, 余下 2 个空格的允许填数是 45.

宫 7 有 4 个定格, 余下 5 个空格的允许填数是 15679. 除了空格 $\overline{93}$, 数 5 是其他 4 个空格的不允许填数, 因此 $\overline{93}$ 格是定格 5, 余下 4 个空格则按照它们的不允许填数, 分别填入它们的允许填数.

宫 3 有 5 个定格, 余下 4 个空格的允许填数是 1469. 数 1 是其他 3 个空格的不允许填数, 因此 $\overline{37}$ 格是定格 1. 余下的 3 个空格则按照它们的不允许填数, 分别填入它们的允许填数.

宫 8 有 7 个定格, 余下 2 个空格的允许填数是 69, 构成二格团.

填宫 1 和宫 7 的允许填数

45	**9**	8	**2**			3	**7**	
7	1	6	**3**		**8**		2	**5**
45	2	3					8	
8	**7**	24			3	25	**6**	**1**
19	5	19	8	**2**	6	47	3	47
3	**6**	24				25	**9**	**8**
169	3	179	4	8	2		5	
2	8	79	**5**		**1**		4	**3**
69	**4**	5		3	**7**		**1**	

填宫 3 和宫 8 的允许填数

45	**9**	8	**2**			3	**7**	46
7	1	6	**3**		**8**	49	2	**5**
45	2	3				1	8	469
8	**7**	24			3	25	**6**	**1**
19	5	19	8	**2**	6	47	3	47
3	**6**	24				25	**9**	**8**
169	3	179	4	8	2		5	
2	8	79	**5**	69	**1**		4	**3**
69	**4**	5	69	3	**7**		**1**	

(行 $-\overline{97}=8$); (行 $-\overline{99}=2$)

45	**9**	8	**2**			3	**7**	46
7	1	6	**3**		**8**	49	2	**5**
45	2	3				1	8	469
8	**7**	24			3	25	**6**	**1**
19	5	19	8	**2**	6	47	3	47
3	**6**	24				25	**9**	**8**
169	3	179	4	8	2		5	
2	8	79	**5**	69	**1**		4	**3**
69	**4**	5	69	3	**7**	8	**1**	2

填列 6 的允许填数

45	**9**	8	**2**		45	3	**7**	46
7	1	6	**3**		**8**	49	2	**5**
45	2	3			9	1	8	469
8	**7**	24			3	25	**6**	**1**
1	5	9	8	**2**	6	47	3	47
3	**6**	24			45	25	**9**	**8**
6	3	17	4	8	2		5	
2	8	7	**5**	9	**1**		4	**3**
9	**4**	5	6	3	**7**	8	**1**	2

列 6 有 6 个定格, 余下 3 个空格的允许填数是 459. 数 9 是 $\overline{16}$ 格和 $\overline{66}$ 格的不允许填数, 因此 $\overline{36}$ 格是定格 9. 余下 2 个空格的允许填数都是 45, 构成二格团.

(36), (行 1 – 45); (19)

45	**9**	8	**2**		45	3	**7**	6
7	1	6	**3**		**8**	49	2	**5**
45	2	3			9	1	8	4
8	**7**	24			3	25	**6**	**1**
1	5	9	8	**2**	6	47	3	47
3	**6**	24			45	25	**9**	**8**
6	3	1	4	8	2		5	
2	8	7	**5**	9	**1**	6	4	**3**
9	**4**	5	6	3	**7**	8	**1**	2

(39); (31); (11); (16)

4	**9**	8	**2**		5	3	**7**	6
7	1	6	**3**		**8**	9	2	**5**
5	2	3			9	1	8	4
8	**7**	24			3	25	**6**	**1**
1	5	9	8	**2**	6	47	3	7
3	**6**	24			4	25	**9**	**8**
6	3	1	4	8	2		5	
2	8	7	**5**	9	**1**	6	4	**3**
9	**4**	5	6	3	**7**	8	**1**	2

(59), (66); (63); (67)

4	**9**	8	**2**		5	3	**7**	6
7	1	6	**3**		**8**	9	2	**5**
5	2	3			9	1	8	4
8	**7**	4			3	2	**6**	**1**
1	5	9	8	**2**	6	4	3	7
3	**6**	2			4	5	**9**	**8**
6	3	1	4	8	2		5	
2	8	7	**5**	9	**1**	6	4	**3**
9	**4**	5	6	3	**7**	8	**1**	2

($\overline{79}=9$); ($\overline{25}=4$)

4	**9**	8	**2**		5	3	**7**	6
7	1	6	**3**	4	**8**	9	2	**5**
5	2	3			9	1	8	4
8	**7**	4			3	2	**6**	**1**
1	5	9	8	**2**	6	4	3	7
3	**6**	2			4	5	**9**	**8**
6	3	1	4	8	2		5	9
2	8	7	**5**	9	**1**	6	4	**3**
9	**4**	5	6	3	**7**	8	**1**	2

($\overline{77}=7$), ($\overline{15}=1$), ($\overline{34}=7$)

4	**9**	8	**2**	1	5	3	**7**	6
7	1	6	**3**	4	**8**	9	2	**5**
5	2	3	7		9	1	8	4
8	**7**	4			3	2	**6**	**1**
1	5	9	8	**2**	6	4	3	7
3	**6**	2			4	5	**9**	**8**
6	3	1	4	8	2	7	5	9
2	8	7	**5**	9	**1**	6	4	**3**
9	**4**	5	6	3	**7**	8	**1**	2

($\overline{35}=6$), ($\overline{44}=9$); ($\overline{64}=1$)

4	**9**	8	**2**	1	5	3	**7**	6
7	1	6	**3**	4	**8**	9	2	**5**
5	2	3	7	6	9	1	8	4
8	**7**	4	9		3	2	**6**	**1**
1	5	9	8	**2**	6	4	3	7
3	**6**	2	1		4	5	**9**	**8**
6	3	1	4	8	2	7	5	9
2	8	7	**5**	9	**1**	6	4	**3**
9	**4**	5	6	3	**7**	8	**1**	2

($\overline{45}=5$), ($\overline{65}=7$), 数独终盘

4	**9**	8	**2**	1	5	3	**7**	6
7	1	6	**3**	4	**8**	9	2	**5**
5	2	3	7	6	9	1	8	4
8	**7**	4	9	5	3	2	**6**	**1**
1	5	9	8	**2**	6	4	3	7
3	**6**	2	1	7	4	5	**9**	**8**
6	3	1	4	8	2	7	5	9
2	8	7	**5**	9	**1**	6	4	**3**
9	**4**	5	6	3	**7**	8	**1**	2

2.6　数独题目 6

本题为第十二届世界数独锦标赛真题.

($n = 20$)

		9				**8**		
	8		**6**		**1**		**4**	
		2		**5**		**9**		
			1		**3**			
		3		**4**		**5**		
	6		**3**		**4**		**1**	
		5				**2**		

($\overline{77}=7$), ($\overline{33}=7$)

		9				**8**		
	8	7	**6**		**1**		**4**	
		2		**5**		**9**		
			1		**3**			
		3		**4**		**5**		
	6		**3**		**4**	7	**1**	
		5				**2**		

$(\overline{37} = 3), (\overline{73} = 8)$

	9				8			
	8	7	6		1	3	4	
		2		5		9		
			1		3			
		3		4		5		
	6	8	3		4	7	1	
			5		2			

$(行\ 7 \mapsto \overline{79} = 5); (行\ 3 \mapsto \overline{31} = 5)$

	9				8			
5	8	7	6		1	3	4	
		2		5		9		
			1		3			
		3		4		5		
	6	8	3		4	7	1	5
			5		2			

$(列\ 7 \mapsto \overline{17} = 1), (列\ 3 \mapsto \overline{93} = 1)$

					1			
	9				8			
5	8	7	6		1	3	4	
		2		5		9		
			1		3			
		3		4		5		
	6	8	3		4	7	1	5
			5		2			
		1						

填行 3 和行 7 的允许填数

					1			
	9				8			
5	8	7	6	29	1	3	4	29
		2		5		9		
			1		3			
		3		4		5		
29	6	8	3	29	4	7	1	5
			5		2			
		1						

填列 3 和列 7 的允许填数

	46				1			
	9				8			
5	8	7	6	29	1	3	4	29
		2		5		9		
		46	1		3		46	
		3		4		5		
29	6	8	3	29	4	7	1	5
			5		2			
		1						46

$(列 - \overline{85} = 1), (行 - \overline{52} = 5)$

	46				1			
	9				8			
5	8	7	6	29	1	3	4	29
		2		5		9		
	5	46	1		3		46	
		3		4		5		
29	6	8	3	29	4	7	1	5
			5	1	2			
		1						46

$(列\ 5 \mapsto \overline{95} = 6), (行\ 5 \mapsto \overline{51} = 9)$

	46				1			
	9				8			
5	8	7	6	29	1	3	4	29
		2		5		9		
9	5	46	1		3		46	
		3		4		5		
29	6	8	3	29	4	7	1	5
			5	1	2			
		1		6				46

填宫 5 的允许填数

	46				1			
	9				8			
5	8	7	6	29	1	3	4	29
		2	78	5	6		9	
9	5	46	1	78	3		46	
		3	29	4	29	5		
29	6	8	3	29	4	7	1	5
			5	1	2			
		1		6				46

宫 5 有 4 个定格, 余下 5 个空格的允许填数是 26789, 数 29 是其中 3 个空格的不允许填数, 因而余下 2 个空格 $\overline{64}$ 和 $\overline{66}$ 的允许填数是 29, 构成二格团. 然后做运算 (列 $-\overline{46}=6$). 余下 2 个空格的允许填数是 78.

(51), (95); (71), (97)

		46				1		
		9				**8**		
5	**8**	7	**6**	29	**1**	3	**4**	29
		2	78	**5**	6	**9**		
9	5	46	**1**	78	**3**	6		
		3	29	**4**	29	**5**		
2	**6**	8	**3**	9	**4**	7	**1**	5
		5		1		**2**		
		1		6		4		

(57), (75); (35), (53)

		6				1		
		9				**8**		
5	**8**	7	**6**	2	**1**	3	**4**	9
		2	78	**5**	6	**9**		
9	5	4	**1**	78	**3**	6		
		3	29	**4**	29	**5**		
2	**6**	8	**3**	9	**4**	7	**1**	5
		5		1		**2**		
		1		6		4		

宫 4 先做运算 (行 $-\overline{61}=6$); (列 $-\overline{41}=8$). 现在宫 4 有 7 个定格, 余下 2 个空格 $\overline{42}$ 和 $\overline{62}$ 的允许填数是 17, 构成二格团.

宫 8 有 5 个定格, 余下 4 个空格的允许填数是 2578. 数 25 是空格 $\overline{84}$ 和 $\overline{86}$ 的不允许填数, 因而它们的允许填数是 78, 构成二格团. 余下 2 个空格 $\overline{94}$ 和 $\overline{96}$ 的允许填数是 25, 构成二格团.

填宫 4 和宫 8 的允许填数

		6				1		
		9				**8**		
5	**8**	7	**6**	2	**1**	3	**4**	9
8	17	**2**	78	**5**	6	**9**		
9	5	4	**1**	78	**3**	6		
6	17	**3**	29	**4**	29	**5**		
2	**6**	8	**3**	9	**4**	7	**1**	5
		5	78	1	78	**2**		
		1	25	6	25	4		

(行 $-\overline{49}=4$); (行 $-\overline{48}=3$)

		6				1		
		9				**8**		
5	**8**	7	**6**	2	**1**	3	**4**	9
8	17	**2**	78	**5**	6	**9**	3	4
9	5	4	**1**	78	**3**	6		
6	17	**3**	29	**4**	29	**5**		
2	**6**	8	**3**	9	**4**	7	**1**	5
		5	78	1	78	**2**		
		1	25	6	25	4		

(列 $-\overline{69}=1$); (69); (62)

		6				1		
		9				**8**		
5	**8**	7	**6**	2	**1**	3	**4**	9
8	1	**2**	78	**5**	6	**9**	3	4
9	5	4	**1**	78	**3**	6		
6	7	**3**	29	**4**	29	**5**		1
2	**6**	8	**3**	9	**4**	7	**1**	5
		5	78	1	78	**2**		
		1	25	6	25	4		

(41); (44); (行 $-\overline{68}=8$)

		6				1		
		9				**8**		
5	**8**	7	**6**	2	**1**	3	**4**	9
8	1	**2**	7	**5**	6	**9**	3	4
9	5	4	**1**	8	**3**	6		
6	7	**3**	29	**4**	29	**5**	8	1
2	**6**	8	**3**	9	**4**	7	**1**	5
		5	8	1	78	**2**		
		1	25	6	25	4		

(84), (列 $-\overline{21}=1$)

		6				1		
1		**9**				**8**		
5	**8**	7	**6**	2	**1**	3	**4**	9
8	1	**2**	7	**5**	6	**9**	3	4
9	5	4	**1**	8	**3**	6		
6	7	**3**	29	**4**	29	**5**	8	1
2	**6**	8	**3**	9	**4**	7	**1**	5
		5	8	1	7	**2**		
		1	25	6	25	4		

(列 $-\overline{91}=7$), (列 $-\overline{99}=8$)

		6				1		
1		**9**				**8**		
5	**8**	7	**6**	2	**1**	3	**4**	9
8	1	**2**	7	**5**	6	**9**	3	4
9	5	4	**1**	8	**3**	6		
6	7	**3**	29	**4**	29	**5**	8	1
2	**6**	8	**3**	9	**4**	7	**1**	5
		5	8	1	7	**2**		
7		1	25	6	25	4		8

(行 9↦ $\overline{98}=9$); (行 9↦ $\overline{92}=3$)

		6				1		
1		**9**				**8**		
5	**8**	7	**6**	2	**1**	3	**4**	9
8	1	**2**	7	**5**	6	**9**	3	4
9	5	4	**1**	8	**3**	6		
6	7	**3**	29	**4**	29	**5**	8	1
2	**6**	8	**3**	9	**4**	7	**1**	5
		5	8	1	7	**2**		
7	3	1	25	6	25	4	9	8

(列 1↦ $\overline{81}=4$); (列 1↦ $\overline{11}=3$)

3		6				1		
1		**9**				**8**		
5	**8**	7	**6**	2	**1**	3	**4**	9
8	1	**2**	7	**5**	6	**9**	3	4
9	5	4	**1**	8	**3**	6		
6	7	**3**	29	**4**	29	**5**	8	1
2	**6**	8	**3**	9	**4**	7	**1**	5
4		**5**	8	1	7	**2**		
7	3	1	25	6	25	4	9	8

($\overline{82}=9$); ($\overline{88}=6$); ($\overline{89}=3$)

3		6				1		
1		**9**				**8**		
5	**8**	7	**6**	2	**1**	3	**4**	9
8	1	**2**	7	**5**	6	**9**	3	4
9	5	4	**1**	8	**3**	6		
6	7	**3**	29	**4**	29	**5**	8	1
2	**6**	8	**3**	9	**4**	7	**1**	5
4	9	**5**	8	1	7	**2**	6	3
7	3	1	25	6	25	4	9	8

(列 $-\overline{29}=6$), (列 $-\overline{16}=8$)

3		6			8	1		
1		**9**				**8**		6
5	**8**	7	**6**	2	**1**	3	**4**	9
8	1	**2**	7	**5**	6	**9**	3	4
9	5	4	**1**	8	**3**	6		
6	7	**3**	29	**4**	29	**5**	8	1
2	**6**	8	**3**	9	**4**	7	**1**	5
4	9	**5**	8	1	7	**2**	6	3
7	3	1	25	6	25	4	9	8

$(\overline{26}=5);(26);(96)$

3		6			8	1		
1		**9**			5	**8**		6
5	**8**	7	**6**	2	**1**	3	**4**	9
8	1	**2**	7	**5**	6	**9**	3	4
9	5	4	**1**	8	**3**	6		
6	7	**3**	29	**4**	9	**5**	8	1
2	**6**	8	**3**	9	**4**	7	**1**	5
4	9	**5**	8	1	7	**2**	6	3
7	3	1	5	6	2	4	9	8

$(66),(\overline{24}=4);(\overline{14}=9)$

3		6	9		8	1		
1		**9**	4		5	**8**		6
5	**8**	7	**6**	2	**1**	3	**4**	9
8	1	**2**	7	**5**	6	**9**	3	4
9	5	4	**1**	8	**3**	6		
6	7	**3**	2	**4**	9	**5**	8	1
2	**6**	8	**3**	9	**4**	7	**1**	5
4	9	**5**	8	1	7	**2**	6	3
7	3	1	5	6	2	4	9	8

$(\overline{15}=7);(\overline{25}=3),(\overline{19}=2)$

3		6	9	7	8	1		2
1		**9**	4	3	5	**8**		6
5	**8**	7	**6**	2	**1**	3	**4**	9
8	1	**2**	7	**5**	6	**9**	3	4
9	5	4	**1**	8	**3**	6		
6	7	**3**	2	**4**	9	**5**	8	1
2	**6**	8	**3**	9	**4**	7	**1**	5
4	9	**5**	8	1	7	**2**	6	3
7	3	1	5	6	2	4	9	8

$(\overline{59}=7);(\overline{58}=2)$

3		6	9	7	8	1		2
1		**9**	4	3	5	**8**		6
5	**8**	7	**6**	2	**1**	3	**4**	9
8	1	**2**	7	**5**	6	**9**	3	4
9	5	4	**1**	8	**3**	6	2	7
6	7	**3**	2	**4**	9	**5**	8	1
2	**6**	8	**3**	9	**4**	7	**1**	5
4	9	**5**	8	1	7	**2**	6	3
7	3	1	5	6	2	4	9	8

$(\overline{28}=7),(\overline{18}=5),(\overline{12}=4)$

3	4	6	9	7	8	1	5	2
1		**9**	4	3	5	**8**	7	6
5	**8**	7	**6**	2	**1**	3	**4**	9
8	1	**2**	7	**5**	6	**9**	3	4
9	5	4	**1**	8	**3**	6		
6	7	**3**	2	**4**	9	**5**	8	1
2	**6**	8	**3**	9	**4**	7	**1**	5
4	9	**5**	8	1	7	**2**	6	3
7	3	1	5	6	2	4	9	8

$(\overline{22}=2)$, 数独终盘

3	4	6	9	7	8	1	5	2
1	2	**9**	4	3	5	**8**	7	6
5	**8**	7	**6**	2	**1**	3	**4**	9
8	1	**2**	7	**5**	6	**9**	3	4
9	5	4	**1**	8	**3**	6	2	7
6	7	**3**	2	**4**	9	**5**	8	1
2	**6**	8	**3**	9	**4**	7	**1**	5
4	9	**5**	8	1	7	**2**	6	3
7	3	1	5	6	2	4	9	8

2.7　数独题目 7

$(n=17)$

			3					
		4	**5**	**1**		**6**		
		7					**2**	
						5		
	3					**1**		
		8			**2**			
					9		**8**	
	5							
			6				**7**	

全图

125689	12689	12569	3	246789	4678	4789	1459	145789
2389	289	4	5	1	78	6	39	3789
135689	1689	7	489	4689	468	3489	2	134589
124679	124679	1269	14789	346789	134678	5	3469	2346789
245679	3	2569	4789	456789	45678	1	469	246789
145679	14679	8	1479	345679	2	3479	3469	34679
123467	12467	1236	1247	23457	9	234	8	123456
12346789	5	12369	12478	23478	13478	2349	13469	123469
123489	12489	1239	6	23458	13458	2349	7	123459

(宫 2 ↦ $\overline{15} = 2$), (列 8 ↦ $\overline{18} = 5$); (15), (18)

1689	1689	169	3	2	4678	4789	5	14789
2389	289	4	5	1	78	6	39	3789
135689	1689	7	489	4689	468	3489	2	13489
124679	124679	1269	14789	346789	134678	5	3469	2346789
245679	3	2569	4789	456789	45678	1	469	246789
145679	14679	8	1479	345679	2	3479	3469	34679
123467	12467	1236	1247	3457	9	234	8	123456
12346789	5	12369	12478	3478	13478	2349	13469	123469
123489	12489	1239	6	3458	13458	2349	7	123459

(列 8 ↦ $\overline{88} = 1$), (宫 1 − 1689); (22); (21)

1689	1689	169	3	2	4678	4789	5	14789
3	2	4	5	1	78	6	9	789
5	1689	7	489	4689	468	3489	2	13489
124679	14679	1269	14789	346789	134678	5	3469	2346789
245679	3	2569	4789	456789	45678	1	469	246789
145679	14679	8	1479	345679	2	3479	3469	34679
12467	1467	1236	1247	3457	9	234	8	123456
1246789	5	12369	12478	3478	13478	2349	1	123469
12489	1489	1239	6	3458	13458	2349	7	123459

(28), (31), (88); (宫 6 − 346)

1689	1689	169	3	2	4678	478	5	1478
3	2	4	5	1	78	6	9	78
5	1689	7	489	4689	468	348	2	1348
124679	14679	1269	14789	346789	134678	5	346	2789
24679	3	2569	4789	456789	45678	1	46	2789
14679	14679	8	1479	345679	2	79	346	79
12467	1467	1236	1247	3457	9	234	8	23456
246789	5	2369	2478	3478	3478	2349	1	23469
12489	1489	1239	6	3458	13458	2349	7	23459

(行6 – 79), (宫6 – 79); (列9 – 28); (29)

1689	1689	169	**3**	**2**	4678	48	**5**	**14**
3	**2**	**4**	**5**	**1**	**8**	**6**	**9**	**7**
5	1689	**7**	489	4689	468	348	**2**	134
124679	14679	1269	14789	346789	134678	**5**	346	28
24679	**3**	2569	4789	456789	45678	**1**	46	28
146	146	**8**	14	3456	**2**	79	346	**9**
12467	1467	1236	1247	3457	**9**	234	**8**	3456
246789	**5**	2369	2478	3478	3478	2349	**1**	3469
12489	1489	1239	**6**	3458	13458	2349	**7**	3459

(26), (69); (行3 – 469), (宫2 – 469)

1689	1689	169	**3**	**2**	**7**	48	**5**	**14**
3	**2**	**4**	**5**	**1**	**8**	**6**	**9**	**7**
5	18	**7**	49	469	46	38	**2**	13
124679	14679	1269	14789	346789	13467	**5**	346	28
24679	**3**	2569	4789	456789	4567	**1**	46	28
146	146	**8**	14	3456	**2**	**7**	346	**9**
12467	1467	1236	1247	3457	**9**	234	**8**	3456
246789	**5**	2369	2478	3478	347	2349	**1**	346
12489	1489	1239	**6**	3458	1345	2349	**7**	345

(16), (行6 – 146); (68); (65)

1689	1689	169	**3**	**2**	**7**	48	**5**	**14**
3	**2**	**4**	**5**	**1**	**8**	**6**	**9**	**7**
5	18	**7**	49	469	46	38	**2**	13
124679	14679	1269	14789	346789	1346	**5**	46	28
24679	**3**	2569	4789	46789	46	**1**	46	28
146	146	**8**	14	**5**	**2**	**7**	3	**9**
12467	1467	1236	1247	347	**9**	234	**8**	3456
246789	**5**	2369	2478	3478	34	2349	**1**	346
12489	1489	1239	**6**	348	1345	2349	**7**	345

(宫8 – 3478); (84); (74); (64)

1689	1689	169	**3**	**2**	**7**	48	**5**	**14**
3	**2**	**4**	**5**	**1**	**8**	**6**	**9**	**7**
5	18	**7**	**9**	469	46	38	**2**	13
124679	14679	1269	789	36789	136	**5**	46	28
24679	**3**	2569	789	6789	6	**1**	46	28
16	16	**8**	4	**5**	**2**	**7**	3	**9**
2467	467	236	1	347	**9**	234	**8**	3456
46789	**5**	369	2	3478	34	349	**1**	346
12489	1489	1239	**6**	348	5	2349	**7**	345

(34), (56), (96); (36)

1689	1689	169	3	2	7	48	5	14
3	2	4	5	1	8	6	9	7
5	18	7	9	6	4	38	2	13
124679	14679	1269	78	3789	13	5	46	28
2479	3	259	78	789	6	1	4	28
16	16	8	4	5	2	7	3	9
2467	467	236	1	347	9	234	8	3456
46789	5	369	2	3478	3	349	1	346
12489	1489	1239	6	348	5	2349	7	34

(58), (86); (46), (列 5 − 478)

1689	1689	169	3	2	7	48	5	14
3	2	4	5	1	8	6	9	7
5	18	7	9	6	4	38	2	13
24679	4679	269	78	39	1	5	6	28
279	3	259	78	9	6	1	4	28
16	16	8	4	5	2	7	3	9
2467	467	236	1	47	9	234	8	3456
46789	5	69	2	478	3	49	1	46
12489	1489	1239	6	48	5	2349	7	34

(55), (行 8 − 469), (宫 4 − 16); (行 5 − 278)

1689	1689	169	3	2	7	48	5	14
3	2	4	5	1	8	6	9	7
5	18	7	9	6	4	38	2	13
2479	479	29	78	3	1	5	6	28
27	3	5	78	9	6	1	4	28
16	16	8	4	5	2	7	3	9
2467	467	236	1	47	9	234	8	3456
78	5	69	2	78	3	49	1	46
12489	1489	1239	6	48	5	2349	7	34

(列 9 − 134); (89); (83); (43)

1689	1689	16	3	2	7	48	5	14
3	2	4	5	1	8	6	9	7
5	18	7	9	6	4	38	2	13
479	479	2	78	3	1	5	6	8
7	3	5	78	9	6	1	4	28
16	16	8	4	5	2	7	3	9
2467	467	36	1	47	9	234	8	5
78	5	9	2	78	3	4	1	6
1248	148	13	6	48	5	2349	7	34

(49), (51), (87); (17)

169	169	16	**3**	2	7	8	5	14
3	2	**4**	**5**	**1**	8	**6**	9	7
5	18	**7**	9	6	4	3	**2**	13
49	49	2	7	3	1	**5**	6	8
7	**3**	5	8	9	6	**1**	4	2
16	16	**8**	4	5	**2**	7	3	9
246	467	36	1	47	**9**	23	**8**	5
8	**5**	9	2	78	3	4	1	6
1248	148	13	**6**	48	5	239	**7**	3

(99); (39), (93); (13)

19	19	6	**3**	2	7	8	5	4
3	2	**4**	**5**	**1**	8	**6**	9	7
5	8	**7**	9	6	4	3	**2**	1
49	49	2	7	3	1	**5**	6	8
7	**3**	5	8	9	6	**1**	4	2
16	16	**8**	4	5	**2**	7	3	9
246	467	3	1	47	**9**	2	**8**	5
8	**5**	9	2	78	3	4	1	6
248	48	1	**6**	48	5	29	**7**	3

(77), (81); (85), (92)

19	19	6	**3**	2	7	8	5	4
3	2	**4**	**5**	**1**	8	**6**	9	7
5	8	**7**	9	6	4	3	**2**	1
49	9	2	7	3	1	**5**	6	8
7	**3**	5	8	9	6	**1**	4	2
16	16	**8**	4	5	**2**	7	3	9
6	67	3	1	4	**9**	2	**8**	5
8	**5**	9	2	7	3	4	1	6
2	4	1	**6**	8	5	9	**7**	3

(42), (71); (12), 数独终盘

9	1	6	**3**	2	7	8	5	4
3	2	**4**	**5**	**1**	8	**6**	9	7
5	8	**7**	9	6	4	3	**2**	1
4	9	2	7	3	1	**5**	6	8
7	**3**	5	8	9	6	**1**	4	2
1	6	**8**	4	5	**2**	7	3	9
6	7	3	1	4	**9**	2	**8**	5
8	**5**	9	2	7	3	4	1	6
2	4	1	**6**	8	5	9	**7**	3

2.8 数独题目 8

($n = 17$)

							9	
7					4			
				2	1			
			1		9	2		
				8				
5							7	
				7	5		8	
		9	4			3		

全图

123468	1234568	23568	1356	135678	13678	45678	9	23456
7	123568	235689	13569	13568	4	568	23568	2356
34689	34568	35689	3569	2	36789	1	345678	3456
3468	34678	1	3456	9	367	2	34568	3456
23469	23467	23679	8	134567	12367	4569	13456	134569
5	23468	23689	12346	1346	1236	4689	13468	7
12368	1235678	235678	123469	13468	123689	45679	124567	124569
1236	1236	236	7	1346	5	469	1246	8
1268	9	4	126	168	1268	3	12567	1256

宫 7 的允许填数 7 集中在与行 7 相交的格子里, 因此行 7 其他格子的允许填数 7 都应该删去, 即 $\overline{77}$ 格和 $\overline{78}$ 格的允许填数 7 都应该删去. 宫 8 的允许填数 9 集中在与行 7 相交的格子里, 因此行 7 其他格子的允许填数 9 都应该删去, 即 $\overline{77}$ 格和 $\overline{79}$ 格的允许填数 9 都应该删去.

(宫 7 行 7$\mapsto$ 7), (宫 8 行 7$\mapsto$ 9)

123468	1234568	23568	1356	135678	13678	45678	**9**	23456
7	123568	235689	13569	13568	**4**	568	23568	2356
34689	34568	35689	3569	**2**	36789	**1**	345678	3456
3468	34678	**1**	3456	**9**	367	**2**	34568	3456
23469	23467	23679	**8**	134567	12367	4569	13456	134569
5	23468	23689	12346	1346	1236	4689	13468	**7**
12368	1235678	235678	123469	13468	123689	456	12456	12456
1236	1236	236	**7**	1346	**5**	469	1246	**8**
1268	**9**	**4**	126	168	1268	**3**	12567	1256

(行 9–1268); (99); (宫 9 – 1246); (98)

123468	1234568	23568	1356	135678	13678	45678	**9**	2346
7	123568	235689	13569	13568	**4**	568	23568	236
34689	34568	35689	3569	**2**	36789	**1**	34568	346
3468	34678	**1**	3456	**9**	367	**2**	34568	346
23469	23467	23679	**8**	134567	12367	4569	13456	13469
5	23468	23689	12346	1346	1236	4689	13468	**7**
12368	1235678	235678	123469	13468	123689	46	1246	1246
1236	1236	236	**7**	1346	**5**	9	1246	**8**
1268	**9**	**4**	126	168	1268	**3**	7	5

(87), (列 $-\overline{17}=7$); (17), (行 $-\overline{36}=7$)

123468	1234568	23568	1356	13568	1368	7	**9**	2346
7	123568	235689	13569	13568	**4**	568	23568	236
34689	34568	35689	3569	**2**	7	**1**	34568	346
3468	34678	**1**	3456	**9**	367	**2**	34568	346
23469	23467	23679	**8**	134567	12367	456	13456	13469
5	23468	23689	12346	1346	1236	468	13468	**7**
12368	1235678	235678	123469	13468	123689	46	1246	1246
1236	1236	236	**7**	1346	**5**	9	1246	**8**
1268	**9**	**4**	126	168	1268	**3**	7	5

(36), (列 9−2346), (列 −$\overline{55}$ = 7); (55)

123468	1234568	23568	1356	13568	1368	7	9	2346
7	123568	235689	13569	13568	4	568	23568	236
34689	34568	35689	3569	2	7	1	34568	346
3468	34678	1	3456	9	36	2	34568	346
23469	2346	2369	8	7	1236	456	13456	19
5	23468	23689	12346	1346	1236	468	13468	7
12368	1235678	235678	123469	13468	123689	46	1246	1
1236	1236	236	7	1346	5	9	1246	8
1268	9	4	126	168	1268	3	7	5

(79), (行 6↦$\overline{63}$ = 9), (行 −$\overline{42}$ = 7); (63)

123468	1234568	23568	1356	13568	1368	7	9	2346
7	123568	23568	13569	13568	4	568	23568	236
34689	34568	3568	3569	2	7	1	34568	346
3468	7	1	3456	9	36	2	34568	346
2346	2346	236	8	7	1236	456	13456	9
5	23468	9	12346	1346	1236	468	13468	7
2368	235678	235678	23469	3468	23689	46	246	1
1236	1236	236	7	1346	5	9	246	8
1268	9	4	126	168	1268	3	7	5

(42), (列 −$\overline{31}$ = 9); (行 −$\overline{24}$ = 9); (24)

123468	1234568	23568	1356	13568	1368	7	9	2346
7	123568	23568	9	13568	4	568	23568	236
9	34568	3568	356	2	7	1	34568	346
3468	7	1	3456	9	36	2	34568	346
2346	2346	236	8	7	1236	456	13456	9
5	23468	9	12346	1346	1236	468	13468	7
2368	23568	235678	2346	3468	23689	46	246	1
1236	1236	236	7	1346	5	9	246	8
1268	9	4	126	168	1268	3	7	5

(宫 5↦$\overline{44}$ = 5), (列 −$\overline{73}$ = 7), (列 −$\overline{76}$ = 9); (44)

123468	1234568	23568	136	13568	1368	7	9	2346
7	123568	23568	9	13568	4	568	23568	236
9	34568	3568	36	2	7	1	34568	346
3468	7	1	5	9	36	2	3468	346
2346	2346	236	8	7	1236	456	13456	9
5	23468	9	12346	1346	1236	468	13468	7
2368	23568	7	2346	3468	9	46	246	1
1236	1236	236	7	1346	5	9	246	8
1268	9	4	126	168	1268	3	7	5

(行 $-\overline{72}=5$); (72)

123468	123468	23568	136	13568	1368	7	9	2346
7	12368	23568	9	13568	**4**	568	23568	236
9	3468	3568	36	**2**	7	**1**	34568	346
3468	**7**	**1**	5	**9**	36	**2**	3468	346
2346	2346	236	**8**	7	1236	456	13456	**9**
5	23468	9	12346	1346	1236	468	13468	**7**
2368	**5**	**7**	2346	3468	**9**	46	246	1
1236	1236	236	**7**	1346	**5**	9	246	**8**
1268	**9**	**4**	126	168	1268	**3**	**7**	**5**

列 3 的允许填数 8 集中在与宫 1 相交的格子里,因此宫 1 其他格子的允许填数 8 都应该删去,即 $\overline{11}$ 格、$\overline{12}$ 格、$\overline{22}$ 格和 $\overline{32}$ 格的允许填数 8 都应该删去. 宫 5 的允许填数 4 集中在与行 6 相交的格子里,因此行 6 其他格子的允许填数 4 都应该删去,即 $\overline{62}$ 格、$\overline{67}$ 格和 $\overline{68}$ 格的允许填数 4 应该删去.

(列 3 宫 1 $\mapsto$ 8), (宫 5 行 6 $\mapsto$ 4)

12346	12346	23568	136	13568	1368	7	9	2346
7	1236	23568	9	13568	**4**	568	23568	236
9	346	3568	36	**2**	7	**1**	34568	346
3468	**7**	**1**	5	**9**	36	**2**	3468	346
2346	2346	236	**8**	7	1236	456	13456	**9**
5	2368	9	12346	1346	1236	68	1368	**7**
2368	**5**	**7**	2346	3468	**9**	46	246	1
1236	1236	236	**7**	1346	**5**	9	246	**8**
1268	**9**	**4**	126	168	1268	**3**	**7**	**5**

(行 3–346), (列 2 $\mapsto \overline{62}=8$); (62), (行 $-\overline{48}=8$)

12346	12346	23568	136	13568	1368	7	9	2346
7	1236	23568	9	13568	**4**	568	23568	236
9	346	58	36	**2**	7	**1**	58	346
3468	**7**	**1**	5	**9**	36	**2**	8	346
2346	2346	236	**8**	7	1236	456	13456	**9**
5	8	9	12346	1346	1236	6	136	**7**
2368	**5**	**7**	2346	3468	**9**	46	246	1
1236	1236	236	**7**	1346	**5**	9	246	**8**
1268	**9**	**4**	126	168	1268	**3**	**7**	**5**

(列 $-\overline{27}=8$); (27); (38); (33)

12346	12346	2356	136	13568	1368	7	9	2346
7	1236	2356	9	1356	4	8	236	236
9	346	8	36	2	7	1	5	346
3468	7	1	5	9	36	2	8	346
2346	2346	236	8	7	1236	456	1346	9
5	8	9	12346	1346	1236	6	136	7
2368	5	7	2346	3468	9	46	246	1
1236	1236	236	7	1346	5	9	246	8
1268	9	4	126	168	1268	3	7	5

(67); (77); (列 8 − 26); (28)

12346	12346	2356	136	13568	1368	7	9	246
7	126	256	9	156	4	8	3	26
9	346	8	36	2	7	1	5	46
3468	7	1	5	9	36	2	8	34
2346	2346	236	8	7	1236	5	14	9
5	8	9	1234	134	123	6	1	7
2368	5	7	236	368	9	4	26	1
1236	1236	236	7	1346	5	9	26	8
1268	9	4	126	168	1268	3	7	5

(68); (58); (49); (46)

12346	12346	2356	136	13568	138	7	9	246
7	126	256	9	156	4	8	3	26
9	346	8	36	2	7	1	5	46
48	7	1	5	9	6	2	8	3
236	236	236	8	7	123	5	4	9
5	8	9	234	34	23	6	1	7
2368	5	7	236	368	9	4	26	1
1236	1236	236	7	1346	5	9	26	8
1268	9	4	126	168	128	3	7	5

(48), (行 5 − 236), (行 8 − 1236); (85)

12346	12346	2356	136	13568	138	7	9	246
7	126	256	9	156	4	8	3	26
9	346	8	36	2	7	1	5	46
4	7	1	5	9	6	2	8	3
236	236	236	8	7	1	5	4	9
5	8	9	234	3	23	6	1	7
2368	5	7	236	368	9	4	26	1
1236	1236	236	7	4	5	9	26	8
1268	9	4	126	168	128	3	7	5

(56), (65); (66); (96)

12346	12346	2356	136	1568	3	7	9	246
7	126	256	9	156	4	8	3	26
9	346	8	36	2	7	1	5	46
4	7	1	5	9	6	2	8	3
236	236	236	8	7	1	5	4	9
5	8	9	4	3	2	6	1	7
2368	5	7	236	6	9	4	26	1
1236	1236	236	7	4	5	9	26	8
126	9	4	126	16	8	3	7	5

(75); (78), (95); (25)

12346	12346	2356	136	8	3	7	9	246
7	126	26	9	5	4	8	3	26
9	346	8	36	2	7	1	5	46
4	7	1	5	9	6	2	8	3
236	236	236	8	7	1	5	4	9
5	8	9	4	3	2	6	1	7
38	5	7	3	6	9	4	2	1
1236	1236	236	7	4	5	9	6	8
26	9	4	2	1	8	3	7	5

(74), (88), (94); (34)

12346	12346	2356	1	8	3	7	9	246
7	126	26	9	5	4	8	3	26
9	34	8	6	2	7	1	5	4
4	7	1	5	9	6	2	8	3
236	236	236	8	7	1	5	4	9
5	8	9	4	3	2	6	1	7
8	5	7	3	6	9	4	2	1
123	123	23	7	4	5	9	6	8
6	9	4	2	1	8	3	7	5

(14), (39), (41), (91)

23	2346	2356	1	8	3	7	9	26
7	126	26	9	5	4	8	3	26
9	3	8	6	2	7	1	5	4
4	7	1	5	9	6	2	8	3
23	236	236	8	7	1	5	4	9
5	8	9	4	3	2	6	1	7
8	5	7	3	6	9	4	2	1
123	123	23	7	4	5	9	6	8
6	9	4	2	1	8	3	7	5

(16); (11); (19), (51)

2	4	5	1	8	3	7	9	6
7	16	6	9	5	4	8	3	2
9	3	8	6	2	7	1	5	4
4	7	1	5	9	6	2	8	3
3	26	26	8	7	1	5	4	9
5	8	9	4	3	2	6	1	7
8	5	7	3	6	9	4	2	1
1	123	23	7	4	5	9	6	8
6	9	4	2	1	8	3	7	5

(23), (32), (81); (53), 数独终盘

2	4	5	1	8	3	7	9	6
7	1	6	9	5	4	8	3	2
9	3	8	6	2	7	1	5	4
4	7	1	5	9	6	2	8	3
3	6	2	8	7	1	5	4	9
5	8	9	4	3	2	6	1	7
8	5	7	3	6	9	4	2	1
1	2	3	7	4	5	9	6	8
6	9	4	2	1	8	3	7	5

2.9 数独题目 9

$(n = 17)$

			3			7	6	
								2
	4	8						
7					3			
					8	1		
				1	4			
			6		9			
					5			
							1	4

全图

1259	1259	1259	3	24589	129	7	589	6
1359	135679	135679	145678	456789	1679	4589	3589	2
12359	4	8	12567	25679	12679	59	359	1359
7	125689	124569	256	2569	269	3	25689	4589
23459	23569	234569	2567	235679	8	24569	1	4579
23589	235689	23569	2567	1	4	25689	256789	5789
6	123578	123457	9	23478	1237	258	23578	3578
123489	123789	123479	124678	234678	5	2689	236789	3789
23589	235789	23579	2678	23678	2367	1	4	35789

(列 $-\overline{39} = 1$), (宫 $3 \mapsto \overline{27} = 4$), (宫 $5 \mapsto \overline{55} = 3$)

1259	1259	1259	3	24589	129	7	589	6
1359	135679	135679	145678	456789	1679	4	3589	2
12359	4	8	12567	25679	12679	59	359	1
7	125689	124569	256	2569	269	3	25689	4589
23459	23569	234569	2567	3	8	24569	1	4579
23589	235689	23569	2567	1	4	25689	256789	5789
6	123578	123457	9	23478	1237	258	23578	3578
123489	123789	123479	124678	234678	5	2689	236789	3789
23589	235789	23579	2678	23678	2367	1	4	35789

(27), (39), (55), (行 1−1259)

1259	1259	1259	3	48	129	7	8	6
1359	135679	135679	15678	56789	1679	4	3589	2
2359	4	8	2567	25679	2679	59	359	1
7	125689	124569	256	2569	269	3	25689	4589
2459	2569	24569	2567	3	8	2569	1	4579
23589	235689	23569	2567	1	4	25689	256789	5789
6	123578	123457	9	2478	1237	258	23578	3578
123489	123789	123479	124678	24678	5	2689	236789	3789
23589	235789	23579	2678	2678	2367	1	4	35789

(18), (列 4−2567); (15), (94)

1259	1259	1259	**3**	**4**	129	**7**	**8**	**6**
1359	135679	135679	**1**	56789	1679	**4**	359	**2**
2359	**4**	**8**	2567	25679	2679	59	359	**1**
7	125689	124569	256	2569	269	**3**	2569	4589
2459	2569	24569	2567	**3**	**8**	2569	**1**	4579
23589	235689	23569	2567	**1**	**4**	25689	25679	5789
6	123578	123457	**9**	27	1237	258	2357	3578
123489	123789	123479	14	267	**5**	2689	23679	3789
2359	23579	23579	**8**	267	2367	**1**	**4**	3579

(24), (行 4−2569), (列 5 − 267), (宫 8 − 267)

1259	1259	1259	**3**	**4**	29	**7**	**8**	**6**
359	35679	35679	**1**	589	679	**4**	359	**2**
2359	**4**	**8**	2567	59	2679	59	359	**1**
7	18	14	256	59	269	**3**	2569	48
2459	2569	24569	2567	**3**	**8**	2569	**1**	4579
23589	235689	23569	2567	**1**	**4**	25689	25679	5789
6	123578	123457	**9**	27	13	258	2357	3578
123489	123789	123479	**4**	267	**5**	2689	23679	3789
2359	23579	23579	**8**	267	**3**	**1**	**4**	3579

(84), (96), (列 $-\overline{25}=8$); (76)

1259	1259	1259	**3**	**4**	29	**7**	**8**	**6**
359	35679	35679	**1**	**8**	679	**4**	359	**2**
2359	**4**	**8**	2567	59	2679	59	359	**1**
7	18	14	256	59	269	**3**	2569	48
2459	2569	24569	2567	**3**	**8**	2569	**1**	4579
23589	235689	23569	2567	**1**	**4**	25689	25679	5789
6	23578	23457	**9**	27	**1**	258	2357	3578
12389	123789	12379	**4**	267	**5**	2689	23679	3789
259	2579	2579	**8**	267	**3**	**1**	**4**	579

(行 3−59); (38); (31); (宫 2 − 67)

159	159	159	**3**	**4**	29	**7**	**8**	**6**
359	35679	35679	**1**	**8**	**9**	**4**	59	**2**
2	**4**	**8**	67	59	67	59	**3**	**1**
7	18	14	256	59	269	**3**	2569	48
459	2569	24569	2567	**3**	**8**	2569	**1**	4579
3589	235689	23569	2567	**1**	**4**	25689	25679	5789
6	23578	23457	**9**	27	**1**	258	257	3578
1389	123789	12379	**4**	267	**5**	2689	2679	3789
59	2579	2579	**8**	267	**3**	**1**	**4**	579

(26), (行 $-\overline{73}$ = 4); (16), (28)

159	159	159	**3**	4	2	**7**	8	**6**
3	367	367	1	8	9	4	5	**2**
2	**4**	**8**	67	5	67	9	3	1
7	18	14	256	59	6	**3**	269	48
459	2569	24569	2567	3	**8**	2569	**1**	4579
3589	235689	23569	2567	**1**	**4**	25689	2679	5789
6	23578	**4**	**9**	27	1	258	27	3578
1389	123789	12379	4	267	**5**	2689	2679	3789
59	2579	2579	8	267	3	**1**	**4**	579

(21), (35), (46), (73)

159	159	159	**3**	4	2	**7**	8	**6**
3	67	67	1	8	9	4	5	**2**
2	**4**	**8**	67	5	7	9	3	1
7	18	1	25	9	6	**3**	29	48
459	2569	2569	257	3	**8**	2569	**1**	4579
589	235689	23569	257	**1**	**4**	25689	2679	5789
6	23578	**4**	**9**	27	1	258	27	3578
189	123789	12379	4	267	**5**	2689	2679	3789
59	2579	2579	8	267	3	**1**	**4**	579

(36), (43), (行 7 − 27); (42)

159	159	59	**3**	4	2	**7**	8	**6**
3	67	67	1	8	9	4	5	**2**
2	**4**	**8**	6	5	7	9	3	1
7	8	1	25	9	6	**3**	29	4
459	2569	2569	257	3	**8**	2569	**1**	4579
59	23569	23569	257	**1**	**4**	25689	2679	5789
6	35	**4**	**9**	27	1	58	27	358
189	12379	2379	4	267	**5**	2689	2679	3789
59	2579	2579	8	267	3	**1**	**4**	579

(45), (列 1 − 59); (11), (48)

1	59	59	**3**	4	2	**7**	8	**6**
3	67	67	1	8	9	4	5	**2**
2	**4**	**8**	6	5	7	9	3	1
7	8	1	5	9	6	**3**	2	4
4	2569	2569	257	3	**8**	569	**1**	4579
59	23569	23569	257	**1**	**4**	5689	679	5789
6	35	**4**	**9**	27	1	58	7	358
8	12379	2379	4	267	**5**	2689	679	3789
59	2579	2579	8	267	3	**1**	**4**	579

(44), (49), (78); (75)

1	59	59	**3**	4	2	**7**	8	**6**
3	67	67	1	8	9	4	5	**2**
2	**4**	**8**	6	5	7	9	3	1
7	8	1	5	9	6	**3**	2	4
4	2569	2569	27	3	**8**	569	**1**	579
59	23569	23569	27	**1**	**4**	5689	69	5789
6	35	4	**9**	2	1	58	7	358
8	12379	2379	4	67	**5**	2689	69	389
59	2579	2579	8	67	3	**1**	**4**	59

(行 9 – 59), (宫 9 – 3589); (行 9 – 27), (宫 7 – 27)

1	59	59	**3**	4	2	**7**	8	**6**
3	67	67	1	8	9	4	5	**2**
2	**4**	**8**	6	5	7	9	3	1
7	8	1	5	9	6	**3**	2	4
4	2569	2569	27	3	**8**	569	**1**	579
59	23569	23569	27	**1**	**4**	5689	69	5789
6	35	4	**9**	2	1	58	7	358
8	139	39	4	67	**5**	26	6	389
59	27	27	8	6	3	**1**	**4**	59

(行 – $\overline{82}$ = 1), (81), (88); (68)

1	59	59	**3**	4	2	**7**	8	**6**
3	67	67	1	8	9	4	5	**2**
2	**4**	**8**	6	5	7	9	3	1
7	8	1	5	9	6	**3**	2	4
4	2569	2569	27	3	**8**	56	**1**	57
5	2356	2356	27	**1**	**4**	568	9	578
6	35	4	**9**	2	1	58	7	358
8	1	39	4	7	**5**	2	6	39
59	27	27	8	6	3	**1**	**4**	59

(61); (91); (83), (99)

1	59	59	**3**	4	2	**7**	8	**6**
3	67	67	1	8	9	4	5	**2**
2	**4**	**8**	6	5	7	9	3	1
7	8	1	5	9	6	**3**	2	4
4	269	269	27	3	**8**	56	**1**	7
5	236	26	27	**1**	**4**	68	9	78
6	5	4	**9**	2	1	8	7	38
8	1	3	4	7	**5**	2	6	9
9	27	27	8	6	3	**1**	**4**	5

(59), (77); (67); (63)

1	59	59	**3**	4	2	**7**	8	**6**
3	67	67	1	8	9	4	5	**2**
2	**4**	**8**	6	5	7	9	3	1
7	8	1	5	9	6	**3**	2	4
4	69	69	2	3	**8**	5	**1**	7
5	3	2	7	**1**	**4**	6	9	8
6	5	4	**9**	2	1	8	7	3
8	1	3	4	7	**5**	2	6	9
9	27	7	8	6	3	**1**	**4**	5

(72), (93); (12), (23), 数独终盘

1	9	5	**3**	4	2	**7**	8	**6**
3	7	6	1	8	9	4	5	**2**
2	**4**	**8**	6	5	7	9	3	1
7	8	1	5	9	6	**3**	2	4
4	6	9	2	3	**8**	5	**1**	7
5	3	2	7	**1**	**4**	6	9	8
6	5	4	**9**	2	1	8	7	3
8	1	3	4	7	**5**	2	6	9
9	2	7	8	6	3	**1**	**4**	5

2.10 数独题目 10

($n = 24$)

	9			6	5			
	2	8						6
				9				7
					1		4	5
	7						1	
5	3		7					
4				2				
1							2	6
		2	8			4		

先进行运算操作 (列 $-\overline{19} = 4$), (行 $-\overline{63} = 1$), (行 $-\overline{47} = 7$), ($\overline{12} = 1$), ($\overline{43} = 6$), ($\overline{53} = 4$), 再画全图. 然后继续做运算操作 (列 1 − 37), (宫 1 − 37), (33), (31), (列 8 − 2389), (行 4 宫 5 ↦ 3), (32), (列 9 宫 6 ↦ 2), (列 9 宫 9 ↦ 1), (列 4 − 23), (34), (宫 3 − 238), (28), (68), (行 1 − 23), (11), (15), (21), (行 3 − 23), (36), (41), (行 6 − 469), (51), (行 5 − 3569), (行 7 − 3579), (74), (72), (79), (82), (99), (59), (54), (67), (24), (57), (65), (84), (85), (96), (76), (98), 得到数独终盘.

数独终盘

7	1	9	3	8	6	5	2	4
3	2	8	4	5	7	1	9	6
6	4	5	1	9	2	8	3	7
8	9	6	2	3	1	7	4	5
2	7	4	5	6	8	3	1	9
5	3	1	7	4	9	6	8	2
4	8	7	6	2	3	9	5	1
1	5	3	9	7	4	2	6	8
9	6	2	8	1	5	4	7	3

第 3 章 格圈、格链及其应用

第 1 章基于数独基本规定归纳出的六条运算规则，易于学习，便于使用，对于难度一般的数独题目，通常已经足以求解并得到数独终盘. 对于更困难的数独题目，采用新的运算规则可能更有帮助. 本章引入格圈和格链的概念，并由此归纳出四条实用的新运算规则. 在求解数独题目的后期，如果运用第 1 章介绍的六条运算规则无法得到数独终盘时，采用本章提出的新运算规则，常常可以获得突破，产生一种"柳暗花明又一村"的感觉.

3.1 格圈和格链

在第 1 章讨论二格团概念时提到，如果一个单元有两格的允许填数是相同的两个数 xy，那么这两格只有两种可能，就是其中一格是定格 x，另一格是定格 y. 这两种情况的共同结果即在这个单元所有其他格子的允许填数中，若含有 x 或 y 则都要删去. 推广这种想法，可得如下定理: 数独的全图中如果出现包含全部可能性的两种情况，那么这两种情况产生的共同结果，一定是正确的结果.

这里所说的全图包括计算过程中出现的中间全图; 全部可能性指百分之百的可能性. 二格团中，一格是定格 x; 另一格是定格 y，就是包含全部可能性的两种情况. 下面再举几个常见的例子.

如果全图中有一格 $\overline{ab}$ 只有两个允许填数 xy，那么这一格或是定格 x，或是定格 y，这两种情况包含了全部可能性.

如果在全图的一个单元中，数 x 只在 $\overline{ab}$ 和 $\overline{cd}$ 两格的允许填数中出现，那么或 $\overline{ab}$ 格是定格 x，或 $\overline{cd}$ 格是定格 x，这两种情况包含了全部可能性.

如果全图中有一格 $\overline{ab}$ 包含若干允许填数 $xyz\cdots$，那么或 $\overline{ab}$ 格是定格 x，或数 x 是 $\overline{ab}$ 格的不允许填数，这两种情况包含了全部可能性.

下面引入的格圈和格链的概念,都是包含全部可能性的两种情况的实例.

设数独全图中包含满足下面条件的 m 个空格 $\overline{a_jb_j}$, $j = 1, 2, \cdots, m$,其中每个空格 $\overline{a_jb_j}$ 都只含两个允许填数,记作 x_j 和 y_j,而且相邻的两个空格 $\overline{a_jb_j}$ 和 $\overline{a_{j+1}b_{j+1}}$ 属于同一个单元,满足 $y_j = x_{j+1}$、$y_m = x_1$. 换言之,每一对相邻的空格属同一单元,前一空格的后一填数等于后一空格的前一填数,包括最后一个空格的后一填数等于第一个空格的前一填数. 形式上很像棋牌游戏中的"接龙".

因为这个概念特别重要,再具体解释一遍. 设第一格 $\overline{a_1b_1}$ 包含两个允许填数 x_1 和 y_1. 第二格 $\overline{a_2b_2}$ 包含两个允许填数 x_2 和 y_2,其中 $x_2 = y_1$,且第二格和第一格属同一个单元. 第三格 $\overline{a_3b_3}$ 包含两个允许填数 x_3 和 y_3,其中 $x_3 = y_2$,且第三格和第二格属同一个单元. 一般说来,第 j 格 $\overline{a_jb_j}$ 包含两个允许填数 x_j 和 y_j,第 $j+1$ 格 $\overline{a_{j+1}b_{j+1}}$ 包含两个允许填数 x_{j+1} 和 y_{j+1},其中 $x_{j+1} = y_j$,且第 $j+1$ 格和第 j 格属同一个单元. 最后第 m 格 $\overline{a_mb_m}$ 包含两个允许填数 x_m 和 y_m,其中 $x_m = y_{m-1}$、$y_m = x_1$.

如果第一格 $\overline{a_1b_1}$ 和最后一格 $\overline{a_mb_m}$ 属同一个单元,这样的 m 个空格称为格圈. 如果第一格 $\overline{a_1b_1}$ 和最后一格 $\overline{a_mb_m}$ 不属同一个单元,这样的 m 个空格称为格链. 如果一个格圈只包含两个空格,那以这个格圈就是二格团. 如果一个格圈只包含三个空格,那么这三个空格必定属同一个单元,这个格圈就是三格团. 格圈是二格团和三格团的推广. 只含两个空格的格链显然是不存在的,因为要求这两格既属又不属同一个单元. 因此,只讨论 $m > 3$ 的格圈和 $m > 2$ 的格链.

在格圈里每一个空格的地位是平等的. 在格圈中任取一个空格,如取第一个空格 $\overline{a_1b_1}$,这个空格只有两种可能: 定格 x_1 或定格 y_1. 按照数独基本规定,如果第一个空格 $\overline{a_1b_1}$ 是定格 y_1,则第二个空格就

变成定格 y_2，接着第三个空格变成定格 y_3，以至于格圈中每一个空格 $\overline{a_j b_j}$ 都分别变成定格 y_j。在格链中的第一个空格 $\overline{a_1 b_1}$ 也只有两种可能：定格 x_1 或定格 y_1。如果第一个空格 $\overline{a_1 b_1}$ 是定格 y_1，上述讨论同样成立，即格圈中每一个空格 $\overline{a_j b_j}$ 都变成定格 y_j，包括第 m 个空格 $\overline{a_m b_m}$，也变成定格 $y_m = x_1$。

现在讨论格圈的另一种可能：第一个空格 $\overline{a_1 b_1}$ 是定格 x_1，则第 m 个空格就变成定格 x_m，接着第 $(m-1)$ 个空格变成定格 x_{m-1}，以至于格圈中每一个空格 $\overline{a_j b_j}$ 都变成定格 x_j。但这样的讨论对格链是不成立的，因为第 m 个空格和第一个空格不属于同一个单元。

这就是说，格圈只有两种可能，它包含的每一个空格 $\overline{a_j b_j}$ 或都是定格 x_j，或都是定格 y_j。对任一种情况，在相邻两格 $\overline{a_j b_j}$ 和 $\overline{a_{j+1} b_{j+1}}$ 中至少有一空格是定格 $y_j = x_{j+1}$，因此对这两个相邻空格所属单元中所有其他格子而言，数 $y_j = x_{j+1}$ 都是不允许填数。如果全图中这些格子原来包含允许填数 $y_j = x_{j+1}$，则应该删除。在第一格 $\overline{a_1 b_1}$ 和最后一格 $\overline{a_{j+1} b_{j+1}}$ 所属单元的所有其他格子中，数 $y_m = x_1$ 都是不允许填数。如果全图中这些格子原来包含允许填数 $y_m = x_1$，则应该删除。

但是，格链只有两种可能，第一格是定格 x_1，或者所有格 $\overline{a_j b_j}$ 都是定格 y_j，包括第 m 格是定格 $y_m = x_1$。换言之，格链的第一格 $\overline{a_1 b_1}$ 和最后一格 $\overline{a_m b_m}$ 中至少有一格是定格 $y_m = x_1$。

格圈运算规则：在格圈的相邻两格 $\overline{a_j b_j}$ 和 $\overline{a_{j+1} b_{j+1}}$ 中至少有一格会变成定格 $y_j = x_{j+1}$，则相邻两格 $\overline{a_j b_j}$ 和 $\overline{a_{j+1} b_{j+1}}$ 所属单元中所有其他格子里都应该删去允许填数 $y_j = x_{j+1}$，在第一格 $\overline{a_1 b_1}$ 和最后一格 $\overline{a_m b_m}$ 所属单元中所有其他格子里都应该删去允许填数 $y_m = x_1$。格圈运算规则的操作记为 $(a_1 b_1, a_2 b_2, \cdots, a_m b_m)$。

格链运算规则：若在格链的第一格 $\overline{a_1 b_1}$ 和最后一格 $\overline{a_m b_m}$ 中至少有一格会变成定格 $y_m = x_1$，则这两种情况产生的共同结果一定是正确的结果. 格链运算规则的操作记为 $(a_1b_1, a_2b_2, \cdots, a_mb_m \mapsto x_1)$.

如下是格链两种情况产生的共同结果的一个典型例子. 如果全图中有一个空格 $\overline{cd}$, 它既和格链第一格 $\overline{a_1b_1}$ 属同一个单元, 又和格链最后一格 $\overline{a_mb_m}$ 属同一个单元, 则 $x_1 = y_m$ 是 $\overline{cd}$ 格的不允许填数. 如果全图中空格 $\overline{cd}$ 原来含有允许填数 x_1, 则应该删去. 如果这两种可能还产生其他共同结果, 该结果也是正确的结果, 见包含格链的数独题目 7 和 8. 特别要注意, 格链运算规则不能保证格链中间的相邻两格 $\overline{a_jb_j}$ 和 $\overline{a_{j+1}b_{j+1}}$ 中必有一格是定格 $y_j = x_{j+1}$.

下面通过例题来解释格圈和格链的应用. 为了节省篇幅, 略去运用运算规则 1~6 简化全图的操作步骤, 留给读者自行练习.

包含格圈的
数独题目 1 ($n = 26$)

			5	7	9	8		
	7	3	4					
5				4	6	1	8	
1								6
	8	2	9	1				5
				3	4	5		
8	2	5	1					

数独终盘

4	1	6	3	2	5	7	9	8
9	5	8	6	7	1	2	3	4
2	7	3	4	8	9	5	6	1
5	3	9	2	4	6	1	8	7
1	4	7	5	3	8	9	2	6
6	8	2	9	1	7	3	4	5
7	9	1	8	6	3	4	5	2
3	6	4	7	5	2	8	1	9
8	2	5	1	9	4	6	7	3

本题为第五届世界数独锦标赛真题. 从全图出发, 运用运算规则 1~6 进行操作, 得到中间全图.

中间全图

4	16	16	23	23	5	7	9	8
29	5	8	67	679	1	26	3	4
29	7	3	4	689	89	5	126	12
5	39	79	23	4	6	1	8	279
1	349	479	58	2358	28	29	27	6
6	8	2	9	1	7	3	4	5
7	169	169	68	2689	3	4	5	129
3	1469	1469	567	25679	29	8	1267	1279
8	2	5	1	679	4	69	67	3

该中间全图包含一个格圈，由 $\overline{57}$、$\overline{58}$、$\overline{98}$ 和 $\overline{97}$ 四格组成，各格的允许填数分别是 92、27、76、69. 按照格圈运算规则，$\overline{49}$、$\overline{55}$ 和 $\overline{56}$ 格的允许填数 2 都应该删去，$\overline{88}$ 格的允许填数 6 和 7 都应该删去，$\overline{95}$ 格的允许填数 6 应该删去. 由此，运用运算规则 1～6 进行操作，就可以得到数独终盘.

格圈：(57, 58, 98, 97)

4	16	16	23	23	**5**	**7**	**9**	**8**
29	5	8	67	679	1	26	3	4
29	**7**	**3**	**4**	689	89	5	126	12
5	39	79	23	**4**	**6**	**1**	**8**	79
1	349	479	58	358	8	29	27	**6**
6	**8**	**2**	**9**	**1**	7	3	4	**5**
7	169	169	68	2689	**3**	**4**	**5**	129
3	1469	1469	567	25679	29	8	12	1279
8	**2**	**5**	**1**	79	4	69	67	3

包含格圈的

数独题目 2 ($n = 26$)

5					**9**		**3**	**7**
	6	**4**		**1**				
3								
		5	**6**	**2**				
	1		**9**		**8**		**4**	
				7	**1**	**8**		
								4
				3		**5**	**9**	
7	**9**		**2**					**6**

数独终盘

5	8	2	4	6	**9**	1	**3**	**7**
9	**6**	**4**	7	**1**	3	2	8	5
3	7	1	5	8	2	4	6	9
8	3	**5**	**6**	**2**	4	9	7	1
2	**1**	7	**9**	5	**8**	6	**4**	3
6	4	9	3	**7**	**1**	**8**	5	2
1	5	3	8	9	6	7	2	**4**
4	2	6	1	**3**	7	**5**	**9**	8
7	**9**	8	**2**	4	5	3	1	**6**

从全图出发，运用运算规则 1～6 进行操作，得到中间全图.

中间全图

5	28	128	4	68	**9**	126	**3**	**7**
29	**6**	**4**	7	**1**	3	29	58	58
3	7	189	5	68	2	4	16	19
8	3	**5**	**6**	**2**	4	179	17	19
26	**1**	7	**9**	5	**8**	26	**4**	3
2469	24	269	3	**7**	**1**	**8**	256	25
12	5	1238	18	9	6	1237	1278	**4**
1246	248	1268	18	**3**	7	**5**	**9**	28
7	**9**	138	**2**	4	5	13	18	**6**

第 3 章　格圈、格链及其应用　61

该中间全图包含一个格圈，由 $\overline{21}$、$\overline{27}$、$\overline{57}$ 和 $\overline{51}$ 四格组成，各格的允许填数分别是 29、92、26、62. 按照格圈运算规则，$\overline{17}$、$\overline{61}$、$\overline{71}$、$\overline{77}$ 和 $\overline{81}$ 格的允许填数 2 都应该删去. 由此，运用运算规则 1~6 进行操作，就可以得到数独终盘.

格圈: (21, 27, 57, 51)

5	28	128	4	68	**9**	16	**3**	**7**
29	**6**	**4**	7	**1**	3	29	58	58
3	7	189	5	68	2	4	16	19
8	3	**5**	**6**	**2**	4	179	17	19
26	**1**	7	**9**	5	**8**	26	**4**	3
469	24	269	3	**7**	**1**	**8**	256	25
1	5	1238	18	9	6	137	1278	**4**
146	248	1268	18	**3**	7	**5**	**9**	28
7	**9**	138	**2**	4	5	13	18	**6**

包含格圈的
数独题目 3 ($n = 24$)

			7	**5**				
	3			**4**	**8**		**2**	
1								**6**
	4							**8**
7	**9**						**3**	**1**
2							**7**	
5								**7**
	8		**3**	**2**			**4**	
				6	**9**			

数独终盘

8	6	2	**7**	**5**	1	4	9	3
9	**3**	7	6	**4**	**8**	1	**2**	5
1	5	4	2	9	3	7	8	**6**
3	**4**	6	1	7	2	9	5	**8**
7	**9**	5	4	8	6	2	**3**	**1**
2	1	8	9	3	5	6	**7**	4
5	2	9	8	1	4	3	6	**7**
6	**8**	1	**3**	**2**	7	5	**4**	9
4	7	3	5	**6**	**9**	8	1	2

本题为第五届世界数独锦标赛真题. 从全图出发，运用运算规则 1~6 操作，得到中间全图.

中间全图

8	26	249	**7**	**5**	16	149	19	3
69	**3**	579	16	**4**	**8**	1579	**2**	59
1	57	457	29	39	23	4578	58	**6**
3	**4**	156	1269	7	1256	2569	569	**8**
7	**9**	56	4	8	256	256	**3**	**1**
2	15	8	169	39	1356	569	**7**	4
5	26	239	8	1	4	369	69	**7**
69	**8**	19	**3**	**2**	7	1569	**4**	59
4	17	137	5	**6**	**9**	138	18	2

该中间全图包含两个格圈. 其中一个格圈由 $\overline{32}$、$\overline{38}$、$\overline{98}$ 和 $\overline{92}$ 四格组成, 各格的允许填数分别是 75、58、81、17, 按照格圈运算规则, $\overline{33}$ 和 $\overline{37}$ 格的允许填数 5 都应该删去, $\overline{93}$ 和 $\overline{97}$ 格的允许填数 1 都应该删去.

格圈: (32, 38, 98, 92)

8	26	249	7	5	16	149	19	3
69	3	579	16	4	8	1579	2	59
1	57	47	29	39	23	478	58	6
3	4	156	1269	7	1256	2569	569	8
7	9	56	4	8	256	256	3	1
2	15	8	169	39	1356	569	7	4
5	26	239	8	1	4	369	69	7
69	8	19	3	2	7	1569	4	59
4	17	37	5	6	9	38	18	2

另一个格圈由 $\overline{21}$、$\overline{81}$、$\overline{89}$ 和 $\overline{29}$ 四格组成, 各格的允许填数分别是 96、69、95、59, 按照格圈运算规则, $\overline{23}$、$\overline{27}$、$\overline{83}$ 和 $\overline{87}$ 格的允许填数 9 都应该删去. 由此, 运用运算规则 1~6 进行操作, 就可以得到数独终盘.

格圈: (21, 81, 89, 29)
删去 $\overline{23}$、$\overline{27}$、$\overline{83}$ 和 $\overline{87}$ 格的允许填数 9

8	26	249	7	5	16	149	19	3
69	3	57	16	4	8	157	2	59
1	57	47	29	39	23	478	58	6
3	4	156	1269	7	1256	2569	569	8
7	9	56	4	8	256	256	3	1
2	15	8	169	39	1356	569	7	4
5	26	239	8	1	4	369	69	7
69	8	1	3	2	7	156	4	59
4	17	37	5	6	9	38	18	2

包含格圈的
数独题目 4 ($n = 26$)

	6	1			2	5		
				5		1		
	2			6		3		
		3	4					8
5								1
8					5	6		
		4		8			6	
		6		4				
		8	3			7	1	

数独终盘

3	6	1	8	9	2	5	4	7
4	8	9	7	5	3	1	2	6
7	2	5	1	6	4	3	8	9
6	1	3	4	7	9	2	5	8
5	9	2	6	3	8	4	7	1
8	4	7	2	1	5	6	9	3
1	3	4	5	8	7	9	6	2
2	7	6	9	4	1	8	3	5
9	5	8	3	2	6	7	1	4

从全图出发, 运用运算规则 1~6 进行操作, 得到中间全图.

中间全图

3	6	1	8	79	2	5	4	79
4	8	79	79	5	3	1	2	6
79	2	5	1	6	4	3	8	79
6	1	3	4	279	79	29	5	8
5	79	2	6	3	8	4	79	1
8	4	79	279	1	5	6	379	23
1279	379	4	2579	8	179	29	6	235
1279	379	6	2579	4	179	8	39	235
29	5	8	3	29	6	7	1	4

该中间全图包含一个格圈, 由 $\overline{31}$、$\overline{23}$、$\overline{24}$、$\overline{15}$、$\overline{95}$ 和 $\overline{91}$ 六格组成, 各格的允许填数分别是 79、79、79、79、29、29. 按照格圈运算规则, $\overline{45}$、$\overline{71}$ 和 $\overline{81}$ 格的允许填数 9 都应该删去.

格圈: (31, 23, 24, 15, 95, 91)

3	6	1	8	79	2	5	4	79
4	8	79	79	5	3	1	2	6
79	2	5	1	6	4	3	8	79
6	1	3	4	27	79	29	5	8
5	79	2	6	3	8	4	79	1
8	4	79	279	1	5	6	379	23
127	379	4	2579	8	179	29	6	235
127	379	6	2579	4	179	8	39	235
29	5	8	3	29	6	7	1	4

得到的全图包含一个格链, 由 $\overline{46}$、$\overline{45}$ 和 $\overline{95}$ 三格组成, 各格的允许填数分别是 79、27、29, 按照格链运算规则, $\overline{76}$ 和 $\overline{86}$ 格的允许填数 9 都应该删去. 由此, 运用运算规则 1~6 进行操作, 就可以得到数独终盘.

格链: $(46, 45, 95 \mapsto 9)$

3	**6**	**1**	8	79	**2**	**5**	4	79
4	8	79	79	**5**	3	**1**	2	6
79	**2**	5	1	**6**	4	**3**	8	79
6	1	**3**	**4**	27	79	29	5	**8**
5	79	2	6	3	8	4	79	**1**
8	4	79	279	1	**5**	**6**	379	23
127	379	**4**	2579	**8**	17	29	**6**	235
127	379	**6**	2579	**4**	17	8	39	235
29	5	**8**	**3**	29	6	**7**	**1**	4

包含格链的
数独题目 1 ($n = 28$)

	6			**1**				
		7	**2**	**5**				**3**
	4			**8**	**7**		**1**	
2		**9**	**5**	**3**		**7**		
7						**5**		
						1	**3**	
9		**6**						
				9		**2**		
	5		**7**	**2**			**4**	**9**

数独终盘

5	**6**	8	9	**1**	3	4	2	7
1	9	**7**	**2**	**5**	4	6	8	**3**
3	**4**	2	6	**8**	**7**	9	**1**	5
2	1	**9**	**5**	**3**	8	**7**	6	4
7	3	4	1	6	2	**5**	9	8
6	8	5	4	7	9	**1**	**3**	2
9	2	**6**	3	4	5	8	7	1
4	7	3	8	**9**	1	**2**	5	6
8	**5**	1	**7**	**2**	6	3	**4**	**9**

从全图出发, 运用运算规则 1~6 进行操作, 得到中间全图.

中间全图

5	**6**	8	349	**1**	349	49	2	7
1	9	**7**	**2**	**5**	46	468	68	**3**
3	**4**	2	69	**8**	**7**	69	**1**	5
2	1	**9**	**5**	**3**	48	**7**	68	468
7	3	4	18	6	128	**5**	9	28
6	8	5	49	7	249	**1**	**3**	24
9	2	**6**	138	4	5	38	7	18
4	7	13	1368	**9**	1368	**2**	5	168
8	**5**	13	**7**	**2**	136	36	**4**	**9**

该中间全图包含一个格链, 由 $\overline{46}$、$\overline{26}$ 和 $\overline{28}$ 三格组成, 各格的允许填数分别是 48、46、68. 按照格链运算规则, $\overline{48}$ 格的允许填数 8 应该删去. 由此, 运用运算规则 1~6 进行操作, 就可以得到数独终盘.

格链: $(46, 26, 28 \mapsto 8)$

5	**6**	8	349	**1**	349	49	2	7
1	9	**7**	**2**	**5**	46	468	68	**3**
3	**4**	2	69	**8**	**7**	69	**1**	5
2	1	**9**	**5**	**3**	48	**7**	6	468
7	3	4	18	6	128	**5**	9	28
6	8	5	49	7	249	**1**	**3**	24
9	2	**6**	138	4	5	38	7	18
4	7	13	1368	**9**	1368	**2**	5	168
8	**5**	13	**7**	**2**	136	36	**4**	**9**

包含格链的

数独题目 2 ($n = 29$)

6		**8**						
4				**1**	**5**			**6**
9	**1**		**6**		**3**			**2**
		5	**1**	**3**				
							6	
		9	**7**	**6**	**4**	**8**	**3**	**5**
	9	**6**		**7**			**4**	
				4				
		3					**9**	

数独终盘

6	5	**8**	4	2	7	3	1	9
4	3	2	9	**1**	**5**	7	8	**6**
9	**1**	7	**6**	8	**3**	4	5	**2**
8	6	**5**	**1**	**3**	2	9	7	4
3	7	4	5	9	8	2	**6**	1
1	2	**9**	**7**	**6**	**4**	**8**	**3**	**5**
2	**9**	**6**	8	**7**	1	5	**4**	3
5	8	1	3	**4**	9	6	2	7
7	4	**3**	2	5	6	1	**9**	8

从全图出发, 运用运算规则 1~6 进行操作, 得到中间全图.

中间全图

6	5	**8**	4	2	7	3	1	9
4	3	2	9	**1**	**5**	7	8	**6**
9	**1**	7	**6**	8	**3**	4	5	**2**
78	6	**5**	**1**	**3**	28	9	27	4
3	78	4	5	9	28	12	**6**	17
1	2	**9**	**7**	**6**	**4**	**8**	**3**	**5**
28	**9**	**6**	238	**7**	1	5	**4**	38
5	78	1	238	**4**	9	6	27	378
278	4	**3**	28	5	6	12	**9**	178

该中间全图包含一个格链, 由 $\overline{41}$、$\overline{48}$、$\overline{88}$ 和 $\overline{82}$ 四格组成, 各格的允许填数分别是 78、27、27、78. 按照格链运算规则, $\overline{52}$、$\overline{71}$ 和 $\overline{91}$ 格的允许填数 8 都应该删去. 由此, 运用运算规则 1~6 进行操作, 就可以得到数独终盘.

格链: $(41, 48, 88, 82 \mapsto 8)$

6	5	**8**	4	2	7	3	1	9
4	3	2	9	**1**	**5**	7	8	**6**
9	**1**	7	**6**	8	**3**	4	5	**2**
78	6	**5**	**1**	**3**	28	9	27	4
3	7	4	5	9	28	12	**6**	17
1	2	**9**	**7**	**6**	**4**	**8**	**3**	**5**
2	**9**	**6**	238	**7**	1	5	**4**	38
5	78	1	238	**4**	9	6	27	378
27	4	**3**	28	5	6	12	**9**	178

包含格链的
数独题目 3 ($n = 23$)

3	**7**				**1**			
			9		**2**			
					6	**5**	**1**	
		2				**6**	**4**	
1	**9**							
	4				**9**		**2**	
		4				**1**	**5**	
			8					
6			**5**			**7**		

数独终盘

3	**7**	8	4	5	**1**	2	9	6
5	6	1	**9**	8	**2**	4	3	7
4	2	9	7	3	**6**	**5**	**1**	8
8	3	**2**	1	7	5	**6**	**4**	9
1	**9**	6	2	4	8	3	7	5
7	**4**	5	3	6	**9**	8	**2**	1
9	8	**4**	6	2	7	**1**	**5**	3
2	5	7	**8**	1	3	9	6	4
6	1	3	**5**	9	4	**7**	8	2

从全图出发, 运用运算规则 1~6 进行操作, 得到中间全图.

中间全图

3	**7**	58	4	58	**1**	29	69	26
58	6	1	**9**	3578	**2**	4	38	378
4	2	9	37	378	**6**	**5**	**1**	378
78	38	**2**	1	37	5	**6**	**4**	9
1	**9**	6	2	4	8	3	7	5
57	**4**	35	37	6	**9**	8	**2**	1
29	38	**4**	6	29	7	**1**	**5**	38
29	5	7	**8**	1	34	29	36	46
6	1	38	**5**	29	34	**7**	389	24

该中间全图包含一个格链，由 $\overline{28}$、$\overline{21}$、$\overline{61}$、$\overline{41}$、$\overline{42}$、$\overline{72}$ 和 $\overline{79}$ 七格组成，各格的允许填数分别是 38、58、57、78、38、38、38. 按照格链运算规则，$\overline{29}$、$\overline{39}$、$\overline{88}$ 和 $\overline{98}$ 格中的允许填数 3 都应该删去. 由此，运用运算规则 1～6 进行操作，就可以得到数独终盘.

格链: $(28, 21, 61, 41, 42, 72, 79 \mapsto 3)$

3	**7**	58	4	58	**1**	29	69	26
58	6	1	**9**	3578	**2**	4	38	78
4	2	9	37	378	**6**	**5**	**1**	78
78	38	**2**	1	37	5	**6**	**4**	9
1	**9**	6	2	4	8	3	7	5
57	**4**	35	37	6	**9**	8	**2**	1
29	38	**4**	6	29	7	**1**	**5**	38
29	5	7	**8**	1	34	29	6	46
6	1	38	**5**	29	34	**7**	89	24

包含格链的

数独题目 4 ($n = 23$)

		5			**2**			
7								
		9	**7**					
1				**8**		**2**		
3				**1**		**6**		
	6					**9**		**3**
			8	**7**			**4**	
	5			**4**		**7**		**6**
		3			**6**			

数独终盘

6	8	**5**	1	3	**2**	4	7	9
7	3	4	5	9	8	1	6	2
2	1	**9**	**7**	6	4	5	3	8
1	9	7	6	**8**	3	**2**	5	4
3	4	2	9	**1**	5	**6**	8	7
5	**6**	8	4	2	7	**9**	1	**3**
9	2	6	**8**	**7**	1	3	**4**	5
8	**5**	1	3	**4**	9	**7**	2	**6**
4	7	**3**	2	5	**6**	8	9	1

从全图出发，运用运算规则 1～6 进行操作，得到中间全图.

中间全图

6	48	**5**	1	39	**2**	48	379	79
7	1348	14	59	3569	48	1458	2369	29
2	1348	**9**	**7**	356	48	1458	36	158
1	9	47	6	**8**	3	**2**	57	457
3	24	247	59	**1**	59	**6**	78	478
5	**6**	8	4	2	7	**9**	1	**3**
9	12	6	**8**	**7**	15	3	**4**	25
8	**5**	12	3	**4**	19	**7**	29	**6**
4	7	**3**	2	59	**6**	158	589	1589

该中间全图包含一个格链, 由 $\overline{29}$、$\overline{24}$、$\overline{54}$、$\overline{56}$、$\overline{76}$ 和 $\overline{72}$ 六格组成, 各格的允许填数分别是 29、59、59、59、15、12. 按照格链运算规则, $\overline{79}$ 格的允许填数 2 应该删去. 由此, 运用运算规则 1~6 进行操作, 就可以得到数独终盘.

格链: $(29, 24, 54, 56, 76, 72 \mapsto 2)$

6	48	**5**	1	39	**2**	48	379	79
7	1348	14	59	3569	48	1458	369	29
2	1348	**9**	**7**	356	48	1458	36	158
1	9	47	6	**8**	3	**2**	57	457
3	24	247	59	**1**	59	**6**	78	478
5	**6**	8	4	2	7	**9**	1	**3**
9	12	6	**8**	**7**	15	3	**4**	5
8	**5**	12	3	**4**	19	**7**	29	**6**
4	7	**3**	2	59	**6**	158	589	1589

包含格链的

数独题目 5 ($n = 26$)

3		**4**		**8**				
				6			**7**	
	5	**9**			**7**	**4**		
		6	**5**					**4**
		3				**9**		
9					**8**	**1**		
		5	**4**			**3**	**1**	
	9			**3**				
				5		**8**		**2**

数独终盘

3	7	**4**	9	**8**	5	2	6	1
2	1	8	3	**6**	4	5	**7**	9
6	**5**	**9**	2	1	**7**	**4**	3	8
1	8	**6**	**5**	9	3	7	2	**4**
5	4	**3**	1	7	2	**9**	8	6
9	2	7	6	4	**8**	**1**	5	3
8	6	**5**	**4**	2	9	**3**	**1**	7
7	**9**	2	8	**3**	1	6	4	5
4	3	1	7	**5**	6	**8**	9	**2**

从全图出发, 运用运算规则 1~6 进行操作, 得到中间全图.

中间全图

3	7	**4**	129	**8**	5	26	269	169
12	12	8	39	**6**	4	5	**7**	39
6	**5**	**9**	123	12	**7**	**4**	238	138
127	128	**6**	**5**	9	3	27	28	**4**
5	1248	**3**	127	1247	12	**9**	268	678
9	24	27	6	247	**8**	**1**	35	35
8	6	**5**	**4**	27	29	**3**	**1**	79
247	**9**	127	8	**3**	16	67	456	567
47	3	17	179	**5**	169	**8**	469	**2**

第 3 章　格圈、格链及其应用 | 69

该中间全图包含两个格链. 第一个格链由 $\overline{24}$、$\overline{29}$、$\overline{79}$、$\overline{75}$ 和 $\overline{76}$ 五格组成, 各格的允许填数分别是 39、39、79、27、29. 按照格链运算规则, $\overline{94}$ 格的允许填数 9 应该删去.

格链: $(24, 29, 79, 75, 76 \mapsto 9)$

3	7	4	129	8	5	26	269	169
12	12	8	39	6	4	5	7	39
6	5	9	123	12	7	4	238	138
127	128	6	5	9	3	27	28	4
5	1248	3	127	1247	12	9	268	678
9	24	27	6	247	8	1	35	35
8	6	5	4	27	29	3	1	79
247	9	127	8	3	16	67	456	567
47	3	17	17	5	169	8	469	2

第二个格链由 $\overline{35}$、$\overline{75}$、$\overline{79}$、$\overline{76}$ 和 $\overline{56}$ 五格组成, 各格的允许填数分别是 12、27、79、29、12. 按照格链运算规则, $\overline{55}$ 格的允许填数 1 应该删去. 由此, 运用运算规则 1~6 进行操作, 就可以得到数独终盘.

格链: $(35, 75, 79, 76, 56 \mapsto 1)$

3	7	4	129	8	5	26	269	169
12	12	8	39	6	4	5	7	39
6	5	9	123	12	7	4	238	138
127	128	6	5	9	3	27	28	4
5	1248	3	127	247	12	9	268	678
9	24	27	6	247	8	1	35	35
8	6	5	4	27	29	3	1	79
247	9	127	8	3	16	67	456	567
47	3	17	17	5	169	8	469	2

包含格链的
数独题目 6 ($n = 39$)

		3	8			7	5
	5	6		7			1
	7	3		5	4	6		
7	1		9	6				4
		8			1	9	7
	9	7	4		8		6
	5				2	6	
	4	6		7			3
		3	6	7	1	4

数独终盘

9	6	1	3	8	2	4	7	5
4	8	5	6	9	7	3	2	1
2	7	3	1	5	4	6	8	9
7	1	8	9	6	3	5	4	2
6	3	4	8	2	5	1	9	7
5	2	9	7	4	1	8	3	6
3	5	7	4	1	9	2	6	8
1	4	6	2	7	8	9	5	3
8	9	2	5	3	6	7	1	4

从全图出发, 运用运算规则 1~6 进行操作, 得到中间全图.

中间全图

469	69	1	3	8	2	49	7	5
248	28	5	6	9	7	34	238	1
289	7	3	1	5	4	6	28	89
7	1	8	9	6	35	35	4	2
56	36	4	8	2	35	1	9	7
25	23	9	7	4	1	8	35	6
3	5	7	4	1	89	2	6	89
1	4	6	2	7	89	59	58	3
89	89	2	5	3	6	7	1	4

该中间全图包含一个格链, 由 $\overline{17}$、$\overline{27}$、$\overline{47}$、$\overline{68}$、$\overline{62}$、$\overline{22}$ 和 $\overline{92}$ 七格组成, 各格的允许填数分别是 49、34、35、35、23、28、89, 按照格链运算规则, $\overline{12}$ 格的允许填数 9 应该删去. 由此, 运用运算规则 1~6 进行操作, 就可以得到数独终盘.

格链: $(17, 27, 47, 68, 62, 22, 92 \mapsto 9)$

469	6	1	3	8	2	49	7	5
248	28	5	6	9	7	34	238	1
289	7	3	1	5	4	6	28	89
7	1	8	9	6	35	35	4	2
56	36	4	8	2	35	1	9	7
25	23	9	7	4	1	8	35	6
3	5	7	4	1	89	2	6	89
1	4	6	2	7	89	59	58	3
89	89	2	5	3	6	7	1	4

包含格链的
数独题目 7 ($n = 24$)

			1		**2**			
	6				**8**	**3**		
5								**9**
			4		**7**			**8**
6	**8**				**5**			**2**
		4					**1**	
	2					**5**		
				7		**2**		**6**
	9				**6**	**7**		

数独终盘

4	7	9	**1**	3	**2**	8	6	5
1	**6**	2	5	9	**8**	**3**	7	4
5	3	8	7	6	4	1	2	**9**
9	1	3	**4**	2	**7**	6	5	**8**
6	**8**	7	9	1	**5**	4	3	**2**
2	5	**4**	6	8	3	9	**1**	7
7	**2**	6	3	4	9	**5**	8	1
3	4	5	8	**7**	1	**2**	9	**6**
8	**9**	1	2	5	**6**	**7**	4	3

从全图出发, 运用运算规则 1 ~ 6 进行操作, 得到中间全图.

中间全图

349	347	379	**1**	345	**2**	8	6	457
12	**6**	12	579	459	**8**	**3**	57	457
5	347	8	367	346	34	1	2	**9**
1239	135	12359	**4**	26	**7**	69	35	**8**
6	**8**	379	39	1	**5**	4	37	**2**
239	57	**4**	268	268	39	69	**1**	57
7	**2**	6	389	3489	1349	**5**	489	13
1348	1345	135	3589	**7**	1349	**2**	489	**6**
1348	**9**	135	2358	23458	**6**	**7**	48	13

该中间全图包含一个格链, 由 $\overline{28}$、$\overline{48}$、$\overline{58}$、$\overline{69}$ 和 $\overline{62}$ 五格组成, 各格的允许填数分别是 57、35、37、57、57. 根据格链运算规则, $\overline{28}$ 和 $\overline{62}$ 格必有一格是定格 7. 现在需要找到由这两种可能情况产生的共同结果. 如果 $\overline{28}$ 格是定格 7, 则 $\overline{19}$ 格的允许填数是 45, 根据运算规则 6 进行操作 (行 1 宫 $1 \mapsto 7$), 使数 7 是 $\overline{32}$ 格的不允许填数. 如果 $\overline{62}$ 格是定格 7, 也使数 7 是 $\overline{32}$ 格的不允许填数. 这两种可能情况的共同结果是删去 $\overline{32}$ 格的允许填数 7. 由此, 运用运算规则 1 ~ 6 进行操作, 就可以得到数独终盘.

格链: $(28, 48, 58, 69, 62 \mapsto 7)$

349	347	379	1	3456	2	8	6	457
12	6	12	579	459	8	3	57	457
5	34	8	367	346	34	1	2	9
1239	135	12359	4	26	7	69	35	8
6	8	379	39	1	5	4	37	2
239	57	4	268	268	39	69	1	57
7	2	6	389	3489	1349	5	489	13
1348	1345	135	3589	7	1349	2	489	6
1348	9	135	2358	23458	6	7	48	13

包含格链的
数独题目 8 ($n = 23$)

		9						3
							6	
7		4	2	5				8
6	8		4					
							7	
				3	5			
	5		1			7	9	
	4			8				1
	9		6					

数独终盘

2	6	9	8	7	1	4	5	3
5	1	8	3	4	9	2	6	7
7	3	4	2	5	6	9	1	8
6	8	5	4	2	7	1	3	9
4	2	3	9	1	5	8	7	6
9	7	1	6	8	3	5	4	2
8	5	6	1	3	2	7	9	4
3	4	7	5	9	8	6	2	1
1	9	2	7	6	4	3	8	5

从全图出发, 运用运算规则 1~6 进行操作, 得到中间全图.

中间全图

12	6	9	8	147	17	24	5	3
5	12	8	3	14	9	24	6	7
7	3	4	2	5	6	9	1	8
6	8	35	4	127	157	13	23	9
49	12	35	69	128	15	138	7	246
49	7	12	69	128	3	5	48	246
8	5	6	1	3	24	7	9	24
23	4	7	5	9	8	6	23	1
123	9	12	7	6	24	38	48	5

该中间全图包含一个格链, 由 $\overline{96}$、$\overline{93}$、$\overline{63}$、$\overline{52}$、$\overline{22}$ 和 $\overline{27}$ 六格组成, 各格的允许填数分别是 24、12、12、12、12、24. 根据格链运算规则, $\overline{96}$ 和 $\overline{27}$ 格必有一格是定格 4. 现在需要找到由这两种可能情况产生的共同结果.

如果 $\overline{27}$ 格是定格 4, 则 $\overline{25}$ 格是定格 1, $\overline{22}$ 格是定格 2, $\overline{52}$ 格是定

格 1, $\overline{63}$ 格是定格 2. 注意因为 $\overline{25}$ 格已经是定格 1, 所以 $\overline{65}$ 格是定格 8, $\overline{68}$ 格是定格 4. 由此经过列 9 的二格团的操作 (列 9 – 26), $\overline{79}$ 格是定格 4, 数 4 是 $\overline{76}$ 格的不允许填数. 如果 $\overline{96}$ 格是定格 4, 则数 4 也是 $\overline{76}$ 格的不允许填数. 这两种可能情况产生的共同结果是 $\overline{76}$ 格应该删去允许填数 4. 由此, 运用运算规则 1~6 进行操作, 就可以得到数独终盘.

格链: $(96, 93, 63, 52, 22, 27 \mapsto 4)$

12	6	**9**	8	147	17	24	5	**3**
5	12	8	3	14	9	24	**6**	7
7	3	**4**	**2**	**5**	6	9	1	**8**
6	**8**	35	**4**	127	157	13	23	9
49	12	35	69	128	15	138	**7**	246
49	**7**	12	69	128	**3**	**5**	48	246
8	**5**	6	**1**	3	2	**7**	**9**	24
23	**4**	7	5	9	**8**	6	23	**1**
123	**9**	12	7	**6**	24	38	48	5

3.2 广义格链

由于格链的存在保证了首格 $\overline{a_1b_1}$ 和末格 $\overline{a_mb_m}$ 中必有一格是定格 x_1, 该条件给出了全部的可能性, 由此推出的共同结果一定是正确的结果. 这就是格链运算规则. 如果没有格链的存在, 用其他方法也能证明这个包含全部可能性的条件成立, 同样可以运用格链运算规则. 这就是广义格链运算规则. 它是格链运算规则的推广.

为了更简练地表达全部可能性, 这里引入两个简明的符号. 设数 x 是一个空格 $\overline{ab}$ 的允许填数, 这个空格还会有其他允许填数, 如 yz 等. 现在该空格只有两种情况, 要么 $\overline{ab}$ 格是定格 x, 记作 $\overline{ab} = x$; 要么数 x 是 $\overline{ab}$ 格的不允许填数, 记作 $\overline{ab} \neq x$. 这两种情况包含了全部可能性, 称为相反的情况.

采用新符号之后, 即使格链并不存在, 用运算规则 1~6 也可以证明 $\overline{a_1b_1}$ 格和 $\overline{a_mb_m}$ 格中必有一格是定格 x_1, 以前格链的结果同样可用, 也就是若 $\overline{cd}$ 格既与 $\overline{a_1b_1}$ 格属同一个单元, 又与 $\overline{a_mb_m}$ 格属同一个单元,则 x_1 是 $\overline{cd}$ 格的不允许填数. 但这时不能再用格链的符号, 而必须用广义格链的符号来表达: $(\overline{a_1b_1} = x_1 \mapsto \overline{a_mb_m} = x_1)$. 另外, 作为推广, 广义格链运算规则的前后两种情况不一定用两格等于同一个数的条件来描述, 涉及的两格也不一定属于不同的单元, 甚至条件可以包含不等号.

广义格链运算规则: 如果前后两种情况中必有一种情况成立, 它们包含了全部可能性, 则由这两种可能性推出的共同结果一定是正确的结果. 广义格链运算规则必须证明: 当第一种情况的相反情况成立时, 通过运算规则可以证明第二种情况必定成立.

值得指出的是, 在几何学中, 一旦证明了正定理, 它的逆否定理是肯定成立的, 不需要另加证明. 在数独中, 广义格链运算规则虽然相当于一个定理, 但它讨论的是完全的可能性. 可能性就包括真和伪, 因此它的逆否定理不一定成立, 至少存在不成立的反例. 例如, $\overline{ab} = x$ 和 $\overline{ab} \neq x$ 构成完全的可能性, 但这只是在目前认识水平上的两种可能性, 随着计算的进行, 迟早会证明其中只有一种可能性是真, 另一种可能性是伪. 颠倒排列次序的两个广义格链运算规则是互为逆否定理的两个运算规则. 假设如果一个次序 $(\overline{ab} = x \mapsto \overline{cd} = x)$ 可以用运算规则 1~6 证明成立, 其相反的次序 $(\overline{cd} = x \mapsto \overline{ab} = x)$ 可能无法用运算规则 1~6 证明成立, 甚至可能是不成立的. 但是只要能证明一个次序的运算规则成立, 即证明当 $\overline{ab} \neq x$ 时必有 $\overline{cd} = x$ 成立, 就可以应用广义格链运算规则, 不需要再证明当 $\overline{cd} \neq x$ 时必有 $\overline{ab} = x$ 成立. 后者通常成立, 但也有可能不成立. 包含广义格链的数独题目 6 就给出了这样的例子.

下面介绍广义格链的几种典型范例.

范例 1 虽然没有完整的格链,但仍能用运算规则来证明 $\overline{a_1b_1}$ 和 $\overline{a_mb_m}$ 两格中必有一格是定格 x. 因此由这两种可能性推出的共同结果一定是正确的结果. 见包含广义格链的数独题目 1~5.

包含广义格链的
数独题目 1 ($n = 24$)

	4			2		1		
								8
				9	3			
1	8				3			
	2				8			
9		6	8					7
			1	3	7			
	6		8	4				
		2	7	5				

数独终盘

3	4	8	9	7	2	6	1	5
5	9	1	4	3	6	2	7	8
2	7	6	1	5	8	9	3	4
1	8	7	5	2	4	3	6	9
6	2	5	3	9	7	8	4	1
9	3	4	6	8	1	5	2	7
4	5	9	2	1	3	7	8	6
7	6	3	8	4	9	1	5	2
8	1	2	7	6	5	4	9	3

从全图出发,运用运算规则 1~6 进行操作,得到中间全图.

中间全图

38	4	389	39	7	2	6	1	5
235	1359	1359	14	39	6	24	7	8
26	7	16	14	5	8	9	3	24
1	8	4567	59	2	47	3	4569	469
4567	2	4567	359	39	147	8	4569	1469
9	35	345	6	8	14	1245	245	7
458	59	4589	2	1	3	7	45689	469
357	6	1357	8	4	9	125	25	123
348	139	2	7	6	5	14	489	1349

该中间全图包含广义格链 ($\overline{27} = 2 \mapsto \overline{31} = 2$). $\overline{27}$ 格的允许填数是 24, 它只有两种可能: 定格 2 或定格 4. 如果 $\overline{27}$ 格是定格 4, 则 $\overline{97}$ 格是定格 1, 行 8 出现二格团 (行 8 – 25), $\overline{89}$ 格变成定格 3. 然后 $\overline{81}$ 格变成定格 7, $\overline{83}$ 格变成定格 1. 从而 $\overline{33}$ 格变成定格 6, 最后 $\overline{31}$ 格变成 2. 于是构成广义格链, 即 $\overline{27}$ 和 $\overline{31}$ 两格中必有一格是定格 2. 按照广义格链运算规则, 删去 $\overline{21}$ 和 $\overline{39}$ 格的允许填数 2. 由此, 运用运算规则 1~6 进行操作, 就可以得到数独终盘.

广义格链: ($\overline{27} = 2 \mapsto \overline{31} = 2$),

若 $\overline{27} \neq 2$, 则通过运算 (27); (97); (行 8 – 25); (89); (81); (83); (33),

推得 $\overline{31} = 2$, 删去 $\overline{21}$ 和 $\overline{39}$ 格的允许填数 2

38	**4**	389	39	7	**2**	6	**1**	5
35	1359	1359	14	39	6	24	7	**8**
26	7	16	14	5	8	**9**	**3**	4
1	**8**	4567	59	2	47	**3**	4569	469
4567	**2**	4567	359	39	147	**8**	4569	1469
9	35	345	**6**	**8**	14	1245	245	**7**
458	59	4589	2	**1**	**3**	**7**	45689	469
357	**6**	1357	**8**	**4**	9	125	25	123
348	139	**2**	**7**	6	**5**	14	489	1349

包含广义格链的

数独题目 2 ($n = 28$)

	9					**8**		
	1				**3**			
7				**8**			**9**	
		2	**5**		**4**		**7**	
		5		**6**			**2**	
3		**4**					**6**	
	3	**1**				**9**	**8**	
		9		**3**	**8**	**2**		
					5		**1**	**3**

数独终盘

4	**9**	6	7	5	1	**8**	3	2
2	**1**	8	6	9	**3**	7	4	5
7	5	3	4	**8**	2	1	**9**	6
9	6	**2**	**5**	1	**4**	3	**7**	8
1	8	**5**	3	**6**	7	4	**2**	9
3	7	**4**	8	2	9	5	**6**	1
5	**3**	**1**	2	7	6	**9**	**8**	4
6	4	**9**	1	**3**	**8**	**2**	5	7
8	2	7	9	4	**5**	6	**1**	**3**

从全图出发, 运用运算规则 1~6 进行操作, 得到中间全图.

中间全图

245	**9**	6	247	457	12	**8**	3	1245
245	**1**	8	2469	459	**3**	7	45	2456
7	245	3	246	**8**	126	15	**9**	12456
9	6	**2**	**5**	1	**4**	3	**7**	8
1	8	**5**	3	**6**	7	4	**2**	9
3	7	**4**	8	2	9	15	**6**	15
245	**3**	**1**	2467	47	26	**9**	**8**	45
6	45	**9**	1	**3**	**8**	**2**	45	7
8	24	7	249	49	**5**	6	**1**	**3**

该中间全图包含广义格链 ($\overline{28} = 5 \mapsto \overline{32} = 5$). 若 $\overline{28} \neq 5$, 则 $\overline{88}$ 格是定格 5, $\overline{82}$ 格是定格 4, $\overline{92}$ 格是定格 2, 合起来得 $\overline{32}$ 是定格 5. 于是构成广义格链, 即 $\overline{28}$ 和 $\overline{32}$ 格中必有一格是定格 5. 按照广义格链运

算规则, 删去 $\overline{21}$、$\overline{37}$ 和 $\overline{39}$ 格的允许填数 5. 由此, 运用运算规则 1 ~ 6 进行操作, 就可以得到数独终盘.

广义格链: ($\overline{28} = 5 \mapsto \overline{32} = 5$),
若 $\overline{28} \neq 5$, 则通过运算 (28); (88); (82); (92), 推得 $\overline{32} = 5$,
删去 $\overline{21}$、$\overline{37}$ 和 $\overline{39}$ 格的允许填数 5

245	**9**	6	247	457	12	**8**	3	1245
24	**1**	8	2469	459	**3**	7	45	2456
7	245	3	246	**8**	126	1	**9**	1246
9	6	**2**	**5**	1	**4**	3	**7**	8
1	8	**5**	3	**6**	7	4	**2**	9
3	7	**4**	8	2	9	15	**6**	15
245	**3**	**1**	2467	47	26	**9**	**8**	45
6	45	**9**	1	**3**	**8**	**2**	45	7
8	24	7	249	49	**5**	6	**1**	**3**

包含广义格链的
数独题目 3 ($n = 23$)

		9						**1**
		1		**4**		**9**		
	5	**6**						
4				**1**			**6**	
9			**7**			**3**		
			4	**5**				**7**
			9			**6**	**8**	
			2					**4**
7			**8**					

数独终盘

3	4	**9**	6	2	7	8	5	**1**
8	7	**1**	5	**4**	3	**9**	2	6
2	**5**	**6**	1	9	8	4	7	3
4	2	7	3	**1**	9	5	**6**	8
9	1	5	**7**	8	6	**3**	4	2
6	8	3	**4**	**5**	2	1	9	**7**
1	3	2	**9**	7	4	**6**	**8**	5
5	9	8	**2**	6	1	7	3	**4**
7	6	4	**8**	3	5	2	1	9

从全图出发, 运用运算规则 1 ~ 6 进行操作, 得到中间全图.

中间全图

238	4	**9**	6	28	2378	258	2357	**1**
238	7	**1**	5	**4**	238	**9**	23	6
238	**5**	**6**	1	9	2378	4	237	238
4	28	7	3	**1**	289	258	**6**	2589
9	1	5	**7**	28	6	**3**	4	28
6	238	23	**4**	**5**	289	128	129	**7**
15	23	234	**9**	7	145	**6**	**8**	235
15	69	8	**2**	36	15	7	39	**4**
7	69	234	**8**	36	145	125	12359	2359

该中间全图包含广义格链 ($\overline{59} = 2 \mapsto \overline{15} = 2$). 若 $\overline{59} \neq 2$, 则经过运算 (59), 宫 3 中只有 $\overline{17}$ 格包含允许填数 8, 从而 $\overline{15}$ 格是定格 2. 于

是构成广义格链, 即 $\overline{59}$ 和 $\overline{15}$ 格中必有一格是定格 2. 按照广义格链运算规则, 删去 $\overline{55}$ 格的允许填数 2. 由此, 运用运算规则 1~6 进行操作, 就可以得到数独终盘.

广义格链: ($\overline{59} = 2 \mapsto \overline{15} = 2$),
若 $\overline{59} \neq 2$, 则通过运算 (59); (宫 3$\mapsto$ $\overline{17} = 8$); (17),
推得 $\overline{15} = 2$, 删去 $\overline{55}$ 格的允许填数 2

238	4	**9**	6	28	2378	258	2357	**1**
238	7	**1**	5	**4**	238	**9**	23	6
238	**5**	**6**	1	9	2378	4	237	238
4	28	7	3	**1**	289	258	**6**	2589
9	1	5	**7**	8	6	**3**	4	28
6	238	23	**4**	**5**	289	128	129	**7**
15	23	234	**9**	7	145	**6**	**8**	235
15	69	8	**2**	36	15	7	39	**4**
7	69	234	**8**	36	145	125	12359	2359

包含广义格链的

数独题目 4 ($n = 23$)

			9			**2**		
		6		**3**			**4**	
	8							**5**
9			**2**			**1**		
	5			**8**			**6**	
		8			**4**			**3**
2							**9**	
	7			**6**		**8**		
		3			**5**			

数独终盘

5	4	7	**9**	1	8	**2**	3	6
1	2	**6**	5	**3**	7	9	**4**	8
3	**8**	9	6	4	2	7	1	**5**
9	3	4	**2**	5	6	**1**	8	7
7	**5**	2	1	**8**	3	4	**6**	9
6	1	**8**	7	9	**4**	5	2	**3**
2	6	5	8	7	1	3	**9**	4
4	**7**	1	3	**6**	9	**8**	5	2
8	9	**3**	4	2	**5**	6	7	1

从全图出发, 运用运算规则 1~6 进行操作, 得到中间全图.

中间全图

13457	14	157	**9**	1457	178	**2**	1378	6
157	29	**6**	1578	**3**	1278	79	**4**	1789
1347	**8**	29	6	1247	127	379	137	**5**
9	3	4	**2**	57	6	**1**	578	78
17	**5**	127	137	**8**	1379	4	**6**	279
6	12	**8**	157	1579	**4**	579	257	**3**
2	6	15	13478	147	1378	35	**9**	147
145	**7**	159	134	**6**	29	**8**	35	124
8	149	**3**	147	29	**5**	6	127	1247

该中间全图包含两个类似的广义格链.

广义格链: ($\overline{22} = 2 \mapsto \overline{86} = 2$),
若 $\overline{22} \neq 2$, 则通过运算 (列 $-\overline{83} = 9$); (83),
推得 $\overline{86} = 2$, 删去 $\overline{26}$ 格的允许填数 2

13457	14	157	9	1457	178	2	1378	6
157	29	6	1578	3	178	79	4	1789
1347	8	29	6	1247	127	379	137	5
9	3	4	2	57	6	1	578	78
17	5	127	137	8	1379	4	6	279
6	12	8	157	1579	4	579	257	3
2	6	15	13478	147	1378	35	9	147
145	7	159	134	6	29	8	35	124
8	149	3	147	29	5	6	127	1247

广义格链: ($\overline{33} = 2 \mapsto \overline{95} = 2$),
若 $\overline{33} \neq 2$, 则通过运算 (列 $-\overline{92} = 9$); (92),
推得 $\overline{95} = 2$, 删去 $\overline{35}$ 格的允许填数 2

13457	14	157	9	1457	178	2	1378	6
157	29	6	1578	3	178	79	4	1789
1347	8	29	6	147	127	379	137	5
9	3	4	2	57	6	1	578	78
17	5	127	137	8	1379	4	6	279
6	12	8	157	1579	4	579	257	3
2	6	15	13478	147	1378	35	9	147
145	7	159	134	6	29	8	35	124
8	149	3	147	29	5	6	127	1247

再经过运算得到包含格链的中间全图.

包含格链的中间全图

135	4	7	9	15	18	2	138	6
15	2	6	578	3	178	9	4	18
13	8	9	6	4	2	37	137	5
9	3	4	2	57	6	1	578	78
7	5	2	13	8	13	4	6	9
6	1	8	57	9	4	57	2	3
2	6	15	478	17	1378	35	9	147
4	7	15	13	6	9	8	35	2
8	9	3	47	2	5	6	17	147

格链: $(88, 84, 75, 45 \mapsto 5)$, $35 \to 13 \to 17 \to 57$,
删去 $\overline{48}$ 格的允许填数 5

135	4	7	9	15	18	2	138	6
15	2	6	578	3	178	9	4	18
13	8	9	6	4	2	37	137	5
9	3	4	2	57	6	1	78	78
7	5	2	13	8	13	4	6	9
6	1	8	57	9	4	57	2	3
2	6	15	478	17	1378	35	9	147
4	7	15	13	6	9	8	35	2
8	9	3	47	2	5	6	17	147

由此, 运用运算规则 1～6 进行操作, 就可以得到数独终盘.

包含广义格链的
数独题目 5 ($n = 23$)

3	7			5		2		
4			7		6		1	
		1						
			1	7		6	4	
					9			
	9				3			5
			2					
	5	7	8					4
							8	

数独终盘

3	7	8	4	5	1	2	9	6
4	2	9	7	3	6	5	1	8
5	6	1	9	8	2	4	3	7
8	3	2	1	7	5	6	4	9
7	4	5	3	6	9	8	2	1
1	9	6	2	4	8	3	7	5
9	8	4	6	2	7	1	5	3
2	5	7	8	1	3	9	6	4
6	1	3	5	9	4	7	8	2

从全图出发, 运用运算规则 1～6 进行操作, 得到中间全图.

中间全图

3	7	89	4	5	1	2	69	68
4	28	2589	7	389	6	589	1	38
5689	68	1	239	389	28	4	35	7
58	238	2358	1	7	258	6	4	9
7	46	456	356	346	9	18	2	18
1	9	2468	26	468	248	3	7	5
689	13468	34689	569	2	457	1579	35	136
2	5	7	8	169	3	19	69	4
69	1346	3469	569	1469	457	1579	8	2

该中间全图包含广义格链 $(\overline{19} = 6 \mapsto \overline{88} = 6)$. 若 $\overline{19} \neq 6$, 按照广义格链运算规则, 删去 $\overline{18}$ 和 $\overline{79}$ 格的允许填数 6.

广义格链: $(\overline{19} = 6 \mapsto \overline{88} = 6)$,

若 $\overline{19} \neq 6$, 通过运算 (19), (29), (38), (列 $1 \mapsto \overline{41} = 5$), (41),

(列 6 – 28), (66), (宫 8 – 57), (宫 8 – 69), (85), (87),

推得 $\overline{88} = 6$, 删去 $\overline{18}$ 和 $\overline{79}$ 格的允许填数 6

3	7	89	4	5	1	2	9	68
4	28	2589	**7**	389	**6**	589	**1**	38
5689	68	**1**	239	389	28	4	35	7
58	238	2358	**1**	**7**	258	**6**	**4**	9
7	46	456	356	346	**9**	18	2	18
1	**9**	2468	26	468	248	**3**	7	**5**
689	13468	34689	569	**2**	457	1579	35	13
2	**5**	**7**	8	169	3	19	69	**4**
69	1346	3469	569	1469	457	1579	**8**	2

再运用运算规则 1~6 进行操作, 得到一个包含格链的中间全图.

包含格链的中间全图

3	7	8	4	5	1	2	9	6
4	2	59	**7**	39	**6**	58	**1**	38
59	6	**1**	239	389	28	4	35	7
58	38	235	**1**	**7**	25	**6**	**4**	9
7	4	56	356	36	**9**	18	2	18
1	**9**	26	26	48	48	**3**	7	**5**
689	18	49	569	**2**	457	1579	35	13
2	**5**	**7**	8	19	3	19	6	**4**
69	13	349	569	1469	457	1579	**8**	2

格链: $(92, 42, 41, 31, 23, 27, 29, 79 \mapsto 1)$,

$13 \rightarrow 38 \rightarrow 58 \rightarrow 59 \rightarrow 59 \rightarrow 58 \rightarrow 38 \rightarrow 13$,

删去 $\overline{72}$ 和 $\overline{97}$ 格的允许填数 1

3	7	8	4	5	1	2	9	6
4	2	59	**7**	39	**6**	58	**1**	38
59	6	**1**	239	389	28	4	35	7
58	38	235	**1**	**7**	25	**6**	**4**	9
7	4	56	356	36	**9**	18	2	18
1	**9**	26	26	48	48	**3**	7	**5**
689	8	49	569	**2**	457	1579	35	13
2	**5**	**7**	8	19	3	19	6	**4**
69	13	349	569	1469	457	579	**8**	2

由此, 运用运算规则 1~6 进行操作, 就可以得到数独终盘.

范例 2 广义格链的两种情况涉及的空格可以属于同一单元, 甚至是同一格. 见包含广义格链的数独题目 6~8.

包含广义格链的
数独题目 6 ($n = 25$)

				2			1
				9			4
	5		7		8		9
	7		9			6	
	4		2		9		
	9			1		8	
8		2			9		7
7				4			
9			2				

数独终盘

4	8	9	5	6	2	7	3	1
3	2	7	1	9	8	6	5	4
6	5	1	7	3	4	8	2	9
1	7	8	9	5	3	4	6	2
5	3	4	8	2	6	9	1	7
2	9	6	4	7	1	3	8	5
8	4	2	3	1	9	5	7	6
7	1	3	6	4	5	2	9	8
9	6	5	2	8	7	1	4	3

从全图出发, 运用运算规则 1~6 进行操作, 得到中间全图.

中间全图

46	8	9	45	56	2	7	3	1
3	2	7	1	9	8	6	5	4
46	5	1	7	36	34	8	2	9
1	7	8	9	35	345	345	6	2
5	36	4	8	2	36	9	1	7
2	9	36	3456	7	1	345	8	35
8	4	2	356	1	9	35	7	356
7	1	356	356	4	356	2	9	8
9	36	356	2	8	7	1	4	356

该中间全图包含一个广义格链: ($\overline{36} = 3 \mapsto \overline{46} = 3$), 广义格链的两个条件发生在同一列的两格. 若 $\overline{36} \neq 3$, 则通过运算 (36); (14); (宫 8 − 36); (86), 推得 $\overline{46} = 3$.

该广义格链不能记作 ($\overline{46} = 3 \mapsto \overline{36} = 3$). 因为若 $\overline{46} \neq 3$, 如 $\overline{46} = 5$, 则通过运算 (46); (列 6 − 36), 推得 $\overline{36} = 4$, 即 $\overline{36} \neq 3$.

广义格链: $(\overline{36} = 3 \mapsto \overline{46} = 3)$,
若 $\overline{36} \neq 3$, 则通过运算 $(36); (14); (宫\ 8 - 36); (86)$,
推得 $\overline{46} = 3$, 删去 $\overline{56}$ 和 $\overline{86}$ 格的允许填数 3

46	8	9	45	56	2	7	3	1
3	2	7	1	9	8	6	5	4
46	5	1	7	36	34	8	2	9
1	7	8	9	35	345	345	6	2
5	36	4	8	2	6	9	1	7
2	9	36	3456	7	1	345	8	35
8	4	2	356	1	9	35	7	356
7	1	356	356	4	56	2	9	8
9	36	356	2	8	7	1	4	356

由此, 运用运算规则 1~6 进行操作, 就可以得到数独终盘.

包含广义格链的
数独题目 7 ($n = 28$)

		5		1		4		
			5		8			
6				9				8
	6		4			7		
1		7	8		5	3		6
	9			6			5	
4				5				3
			2		4			
		1		8		7		

数独终盘

9	8	5	6	1	2	4	3	7
7	2	4	5	3	8	9	6	1
6	1	3	4	9	7	5	2	8
5	6	8	9	4	3	1	7	2
1	4	7	8	2	5	3	9	6
3	9	2	7	6	1	8	5	4
4	7	6	1	5	9	2	8	3
8	3	9	2	7	4	6	1	5
2	5	1	3	8	6	7	4	9

从全图出发, 运用运算规则 1~6 进行操作, 得到中间全图.

中间全图

789	2378	5	367	1	2367	4	23	279
79	1237	4	5	37	8	1269	1236	1279
6	1237	23	4	9	237	5	123	8
5	6	238	139	4	139	128	7	12
1	4	7	8	2	5	3	9	6
23	9	238	137	6	137	128	5	4
4	278	69	179	5	179	269	268	3
78	3578	69	2	37	4	169	168	159
23	235	1	369	8	369	7	4	259

该中间全图包含一个广义格链, 该广义格链的两个条件发生在同一行的两格.

广义格链: $(\overline{21} = 7 \mapsto \overline{29} = 7)$,
若 $\overline{21} \neq 7$, 则通过运算 (行 $-\overline{19} = 9$); (19); (列 $9 - 125$),
推得 $\overline{29} = 7$, 删去 $\overline{22}$ 和 $\overline{25}$ 格的允许填数 7

789	2378	5	367	1	2367	4	23	279
79	123	4	5	3	8	1269	1236	1279
6	1237	23	4	9	237	5	123	8
5	6	238	139	4	139	128	7	12
1	4	7	8	2	5	3	9	6
23	9	238	137	6	137	128	5	4
4	278	69	179	5	179	269	268	3
78	3578	69	2	37	4	169	168	159
23	235	1	369	8	369	7	4	259

由此, 运用运算规则 1~6 进行操作, 就可以得到数独终盘.

包含广义格链的
数独题目 8 ($n = 23$)

2			8					3
	5			2	6			9
			1			6		
		7						5
1			3	4		9		
		6						
	1					3		
3			9	2		4		
				8				

数独终盘

2	6	1	8	4	9	5	7	3
8	5	3	7	2	6	4	1	9
7	9	4	1	5	3	8	6	2
6	4	7	9	1	8	2	3	5
1	8	5	2	3	4	7	9	6
9	3	2	6	7	5	1	8	4
5	1	9	4	6	7	3	2	8
3	7	8	5	9	2	6	4	1
4	2	6	3	8	1	9	5	7

从全图出发, 运用运算规则 1~6 进行操作, 得到中间全图.

中间全图

2	6	1	8	45	9	457	57	3
48	5	3	7	2	6	148	18	9
7	49	489	1	45	3	2458	6	248
6	234	7	9	1	8	24	23	5
1	8	5	2	3	4	67	9	67
49	2349	249	6	7	5	1248	1238	1248
589	1	289	4	6	7	3	258	28
3	7	68	5	9	2	168	4	168
45	24	246	3	8	1	9	257	267

该中间全图包含一个广义格链.

广义格链: $(\overline{21} = 4 \mapsto \overline{42} = 4)$,

若 $\overline{21} \neq 4$, 则通过运算 (21); (28); (27); (47); (48),

推得 $\overline{42} = 4$, 删去 $\overline{32}$ 和 $\overline{61}$ 格的允许填数 4

2	6	1	8	45	9	457	57	3
48	5	3	7	2	6	148	18	9
7	9	489	1	45	3	2458	6	248
6	234	7	9	1	8	24	23	5
1	8	5	2	3	4	67	9	67
9	2349	249	6	7	5	1248	1238	1248
589	1	289	4	6	7	3	258	28
3	7	68	5	9	2	168	4	168
45	24	246	3	8	1	9	257	267

通过运算 (32), (61), (列 $-\overline{73} = 9$), 得到又一中间全图.

又一中间全图

2	6	1	8	45	9	457	57	3
48	5	3	7	2	6	148	18	9
7	9	48	1	45	3	2458	6	248
6	234	7	9	1	8	24	23	5
1	8	5	2	3	4	67	9	67
9	234	24	6	7	5	1248	1238	1248
58	1	9	4	6	7	3	258	28
3	7	68	5	9	2	168	4	168
45	24	246	3	8	1	9	257	267

又一中间全图也包含一个广义格链, 该广义格链的两个条件发生在同一行和同一宫的两格.

广义格链: $(\overline{79} = 8 \mapsto \overline{78} = 8)$,

若 $\overline{79} \neq 8$, 则通过运算 (79); (列 8 − 57), 推得 $\overline{78} = 8$,

删去 $\overline{71}$、$\overline{87}$ 和 $\overline{89}$ 格的允许填数 8

2	6	1	8	45	9	457	57	3
48	5	3	7	2	6	148	18	9
7	9	48	1	45	3	2458	6	248
6	234	7	9	1	8	24	23	5
1	8	5	2	3	4	67	9	67
9	234	24	6	7	5	1248	1238	1248
5	1	9	4	6	7	3	258	28
3	7	68	5	9	2	16	4	16
45	24	246	3	8	1	9	257	267

由此, 运用运算规则 1~6 进行操作, 就可以得到数独终盘.

范例 3 广义格链运算规则的推广应用见包含广义格链的数独题目 9.

包含广义格链的数独题目 9 ($n = 25$)

	1		4		3			
4				9			5	
6					8			
				6	7			
9		8		7		2		1
		3	8					
			1					3
	2			5				9
		6		7		4		

数独终盘

8	1	9	4	6	5	3	2	7
4	3	2	7	9	1	8	5	6
6	7	5	2	3	8	9	1	4
2	5	1	9	4	6	7	3	8
9	4	8	5	7	3	2	6	1
7	6	3	8	1	2	4	9	5
5	8	4	1	2	9	6	7	3
3	2	7	6	5	4	1	8	9
1	9	6	3	8	7	5	4	2

从全图出发, 经过运算 (列 7 – 1568), (列 1 宫 7 $\mapsto$ 3), (列 7 宫 9 $\mapsto$ 5), (列 9 宫 3 $\mapsto$ 7), 得到中间全图.

中间全图

2578	1	2579	4	26	25	3	2689	2678
4	378	27	2367	9	123	168	5	2678
6	3579	2579	2357	123	8	49	129	247
125	45	1245	2359	1234	6	7	389	458
9	456	8	35	7	345	2	36	1
1257	4567	3	8	124	12459	49	69	456
578	45789	4579	1	2468	249	568	2678	3
1378	2	147	36	5	34	168	1678	9
1358	589	6	239	238	7	158	4	28

讨论广义格链 ($\overline{11} = 8 \mapsto \overline{11} \neq 8$), 其中两个条件是同一空格的相反条件, 显然构成全部可能性. 对这样的广义格链, 要研究这两个条件产生的共同结果.

若 $\overline{11} = 8$, 通过运算 (11) 和 (行 8 宫 9 $\mapsto$ 8), 要删去 $\overline{77}$、$\overline{78}$、$\overline{97}$ 和 $\overline{99}$ 格的允许填数 8.

若 $\overline{11} \neq 8$, 得到假想全图 1.

假想全图 1

257	1	2579	4	26	25	3	2689	2678
4	378	27	2367	9	123	168	5	2678
6	3579	2579	2357	123	8	49	129	247
125	45	1245	2359	1234	6	7	389	458
9	456	8	35	7	345	2	36	1
1257	4567	3	8	124	12459	49	69	456
578	45789	4579	1	2468	249	568	2678	3
1378	2	147	36	5	34	168	1678	9
1358	589	6	239	238	7	158	4	28

因为在行 1 中, 允许填数 8 只出现在 $\overline{18}$ 格和 $\overline{19}$ 格, 所以假想全图 1 包含一个广义格链 ($\overline{18} = 8 \mapsto \overline{19} = 8$). 当 $\overline{18} = 8$ 时, $\overline{19} \neq 8$, $\overline{48} \neq 8$, 于是 $\overline{49}$ 格是行 4 中唯一包含允许填数 8 的格子, 则 $\overline{49} = 8$. 同样, 当 $\overline{19} = 8$ 时, $\overline{18} \neq 8$, $\overline{49} \neq 8$, 于是 $\overline{48} = 8$. 这两种情况产生的共同结果是列 8 和列 9 都含有一个定格 8: 要么 $\overline{18}$ 格和 $\overline{49}$ 格是定格 8, 要么 $\overline{48}$ 格和 $\overline{19}$ 格是定格 8. 因此按照数独基本规定, 除行 1 和行 4 外的其他行中, 数 8 是处于列 8 和列 9 的格子的不允许填数, 即假想全图 1 中, 要删去 $\overline{29}$、$\overline{78}$、$\overline{88}$ 和 $\overline{99}$ 格的允许填数 8.

由于两种情况的共同结果是删去 $\overline{78}$ 格和 $\overline{99}$ 格的允许填数 8, $\overline{99}$ 格变成定格 2. 通过运算 (99) 后得到又一中间全图.

又一中间全图

2578	1	2579	4	26	25	3	2689	678
4	378	27	2367	9	123	168	5	678
6	3579	2579	2357	123	8	49	129	47
125	45	1245	2359	1234	6	7	389	458
9	456	8	35	7	345	2	36	1
1257	4567	3	8	124	12459	49	69	456
578	45789	4579	1	2468	249	568	67	3
1378	2	147	36	5	34	168	1678	9
1358	589	6	39	38	7	158	4	2

又一中间全图包含广义格链 ($\overline{58} = 6 \mapsto \overline{48} = 9$), 其中两个条件发生在同一宫和同一列的两格. 若 $\overline{58} \neq 6$, 则通过运算 (58); (54); (56); (86); (94); (行 4 $\mapsto \overline{48} = 9$), 推得 $\overline{48} = 9$. 两种情况的共同结果是

删去 $\overline{48}$ 格的允许填数 8. 由此, 运用运算规则 1~6 进行操作, 就可以得到数独终盘.

假想全图 1 中的广义格链有一定的特殊性, 就是在行 1 和行 4 中, 允许填数 8 只出现在列 8 和列 9 的格子里. 这样的允许填数分布记作 "二行列 14-8-89". 图中为了强调, 把这四个允许填数 8 用黑体标出. 二行列是广义格链的一种特殊形式.

二行列 $ab\text{-}r\text{-}cd$: 若在行 a 和行 b 中, 允许填数 r 只出现在列 c 和列 d 的格子里, 则在除行 a 和行 b 外的其他行中, 数 r 是所有处于列 c 和列 d 的格子的不允许填数.

因为行和列是对称的, 所以也有二列行操作.

二列行 $cd\text{-}r\text{-}ab$: 若在列 c 和列 d 中, 允许填数 r 只出现在行 a 和行 b 的格子里, 则在除列 c 和列 d 外的其他列中, 数 r 是所有处于行 a 和行 b 的格子的不允许填数.

后文运用排除法的数独题目 5 中也会用到二行列的操作. 对这一运算进行推广, 虽然有三行列或更大数的行列, 但实际应用很少.

三行列 $abc\text{-}r\text{-}a'b'c'$: 若在行 a, 行 b 和行 c 中, 允许填数 r 只出现在列 a'、列 b' 和列 c' 的格子里, 则在除行 a、行 b 和行 c 外的其他行中, 数 r 是所有处于列 a'、列 b' 和列 c' 的格子的不允许填数.

此处, 在行 a、行 b 和行 c 中, 允许填数 r 不一定要在列 a'、列 b' 和列 c' 中都出现, 只要不超出这三列就行. 如果在上面又一中间全图中删去 $\overline{87}$ 格的允许填数 8, 则得到假想全图 2. 此全图包含三行列 148-8-189, 就是在行 1、行 4 和行 8 中, 允许填数 8 只出现在列 1、列 8 和列 9 的格子里, 但是 $\overline{41}$ 格和 $\overline{89}$ 格并不包含允许填数 8. 按照三行列 148-8-189 的操作, 要删去 $\overline{29}$、$\overline{71}$、$\overline{78}$、$\overline{91}$ 和 $\overline{99}$ 格的允许填数 8.

假想全图 2

2578	1	2579	4	26	25	3	2689	2678
4	378	27	2367	9	123	168	5	2678
6	3579	2579	2357	123	8	49	129	247
125	45	1245	2359	1234	6	7	389	458
9	456	8	35	7	345	2	36	1
1257	4567	3	8	124	12459	49	69	456
578	45789	4579	1	2468	249	568	2678	3
1378	2	147	36	5	34	16	1678	9
1358	589	6	239	238	7	158	4	28

3.3 排除法

前面已归纳出 9 条运算规则, 可用于解决绝大多数数独难题. 对于个别特殊的难题, 如果用这 9 条运算规则还是不能简化全图, 可以尝试以下介绍的第十条运算规则——排除法.

排除法: 设全图中 $\overline{ab}$ 格包含允许填数 x. 如果把 $\overline{ab}$ 格看成定格 x, 通过运算会推得有矛盾的全图, 那么数 x 就变成 $\overline{ab}$ 格的不允许填数, 应该排除. 反之, 如果把 x 看成 $\overline{ab}$ 格的不允许填数, 通过运算会推得有矛盾的全图, 那么 $\overline{ab}$ 格是定格 x.

此处要特别强调排除法和猜测的本质区别. 排除法的结论是通过运算证明得到的, 而猜测是不加证明的.

排除法是一个很普遍的运算规则, 前面讨论的 9 条运算规则, 原则上都可以理解为是排除法的一种特殊情况. 这 9 条运算规则都是在特定的条件下直接把允许填数变成不允许填数, 而在此特定条件下的运算规则已被普遍证明. 本节所指的排除法给出的结论, 由于情况比较特殊, 需要就具体条件, 专门使用若干步运算规则来证明.

排除法的定义中提到的 "有矛盾的全图" 分两大类.

第一类有矛盾的全图存在没有允许填数的格子.

范例 1 一个单元包含两个填数相同的定格 x.

范例 2 一个单元包含允许填数都是两个数 xy 的三格.

范例 3 一个单元 m 格只包含 m' 个不同的允许填数, $m' < m$.

前两个范例是范例 3 的特殊情况, 但因常常用到所以单独列出. 对于范例 3, 设一个单元中 m 格只包含 m' 个允许填数, 那么其中 m' 个格子就构成了 m'-格团, 通过运算规则 5, 余下的格子都是没有允许填数的格子.

范例 4 设全图中包含 m (奇数) 个空格, 每个空格的允许填数都是 xy, 因而这些空格中不会有三个空格属同一个单元. 如果可以选择一个确定的次序, 第一格和第二格属同一个单元, 第二格和第三格属同一个单元, 以此类推, 最后一格和第一格属同一个单元, 则由于 m 是奇数, 在这组空格的两种填数方式中, 都必有属同一个单元的两个格子填数相同, 此全图是第一类有矛盾的全图.

定义: 全图中满足下面条件的 m 个空格的集合, 称为群. 群的条件是群中每个空格都只有两个允许填数, 而且群中属同一个单元的所有空格包含的每一个允许填数数目都是 2.

条件 "群中属同一个单元的所有空格包含的每一个允许填数数目都是 2" 非常重要. 按照这一条件, 群中每一个空格的所在行、列和宫中, 该格的填数一定也出现在另一个空格的允许填数中, 而且只出现一次. 属同一个宫的两格, 可能同行 (或列), 也可能不同行 (或列). 也就是说, 群中空格的每一个允许填数, 在群的所有空格中至少出现两次, 最多出现三次. 在群中出现三次的情况是该允许填数属于同一宫的两格, 但不在同一行和同一列.

就群中空格所属的每一个单元来说, 群中空格必定构成一个或几个格圈, 格圈长度是 m 时, 格圈就是 m-格团. 如有几个格圈, 格圈一定互相独立, 即填数互不重复. 对每一个格圈, 按照格圈的定义确定允许填数的次序, 格圈只有两种填数方式: 各格都填第一个填数或都填第二个填数. 形象化地表达, 填第一个填数的格子称为蓝格, 填第二个填数的格子称为红格. 每一个格圈只有两种填数方式: 全是红格或全是蓝格.

从群中空格所属的一个单元开始, 先要求群中空格都是红格. 因为一个空格可属两个或三个单元, 从一个空格进入第二个单元, 要求以这个空格是红格作为标准, 其他所有空格都是红格. 以此类推. 这样的全红格分布, 有可能是一个自洽的分布, 也可能出现矛盾. 如果是自洽的分布, 则群中这组空格至少有两种填数方式: 全是红格或全是蓝格. 因为群中任一空格所在单元, 群中空格都组成若干个多格团, 因而群中任一空格的任一允许填数, 对该格所属单元中所有其他格子来说都是不允许填数. 这就是说, 两种填数方式都不会影响全图中所有其他格子的填数. 也即此全图如果有解, 至少有双解. 如果这样的全红格分布不是自洽的分布, 就是出现了第一类矛盾.

第二类有矛盾的全图包含构成群的空格分布.

如果数独题目是合格的题目, 但经过某操作后得到第二类有矛盾的全图, 则说明此操作是错误操作, 此全图一定也包含第一类矛盾.

范例 1 全图中除定格外, 所有空格构成群, 即每个空格都只有两个允许填数, 属同一个单元的所有空格包含的每一个允许填数数目都是 2. 文献上称之为全双值坟墓.

范例 2 全图中包含构成长方形的四格, 长方形有一组对边, 各自既属于同一宫又属于同一行 (或列), 每格的允许填数都是两个数 xy. 文献上称之为唯一矩阵. 这样的唯一矩阵只有两种不同的填数方式: 一组对角格子是定格 x, 另一组对角格子是定格 y. 因为唯一矩阵包含不同单元的 6 个二格团, 所以构成长方形的四格构成群, 此全图就是有第二类矛盾的全图. 如果此数独题目是合格的题目, 但经过某操作后得到唯一矩阵, 说明此操作是错误操作, 此全图一定也包含第一类矛盾.

接下来通过举例解释排除法的应用.

运用排除法的数独题目 1 ($n = 25$)

		9		5				1
2					7	4		
		3					8	
			3		4	9		
	8						4	
			1	8		5		
	2						1	
		5	6					9
1	9		2		6			

数独终盘

8	4	9	3	6	5	2	7	1
2	5	1	8	9	7	4	3	6
6	3	7	4	2	1	9	8	5
5	1	3	7	4	9	8	6	2
9	8	2	5	3	6	1	4	7
7	6	4	1	8	2	5	9	3
3	2	6	9	5	4	7	1	8
4	7	5	6	1	8	3	2	9
1	9	8	2	7	3	6	5	4

从全图出发, 运用运算规则 1~6 进行操作, 得到中间全图.

中间全图

4678	467	9	348	236	5	237	2367	1
2	15	168	389	1369	7	4	3569	356
4567	3	1467	49	1269	1246	279	8	2567
567	15	3	57	4	9	1278	267	2678
5679	8	1267	357	23567	236	12379	4	2367
4679	467	2467	1	8	236	5	23679	2367
34678	2	4678	34579	3579	348	378	1	34578
3478	47	5	6	137	1348	2378	237	9
1	9	478	2	357	348	6	357	34578

运用排除法排除 $\overline{22}$ 格的允许填数 1, 得到 $\overline{22} = 5$. 运用运算规则 1~6 进行操作, 得到一个包含格链的中间全图. 由此, 再运用运算规则 1~6 进行操作, 就可以得到数独终盘.

包含格链中间全图

468	46	9	38	36	5	27	27	1
2	5	18	89	19	7	4	3	6
67	3	167	4	126	126	9	8	5
5	1	3	7	4	9	8	6	2
9	8	267	35	2356	236	1	4	37
467	467	2467	1	8	236	5	9	37
34678	2	468	59	59	348	37	1	48
3478	47	5	6	137	1348	237	27	9
1	9	478	2	37	348	6	5	48

格链: $(95, 15, 12, 82 \mapsto 7)$, $37 \to 36 \to 46 \to 47$,
删去 $\overline{85}$ 和 $\overline{93}$ 格的允许填数 7

468	46	9	38	36	5	27	27	1
2	5	18	89	19	7	4	3	6
67	3	167	4	126	126	9	8	5
5	1	3	7	4	9	8	6	2
9	8	267	35	2356	236	1	4	37
467	467	2467	1	8	236	5	9	37
34678	2	468	59	59	348	37	1	48
3478	47	5	6	13	1348	237	27	9
1	9	48	2	37	348	6	5	48

现在证明: 若 $\overline{22} = 1$, 则会导致矛盾. 设 $\overline{22} = 1$.

(22), (列 $-\overline{53} = 1$); (42); (44)

4678	467	9	348	236	5	237	2367	1
2	1	68	389	369	7	4	3569	356
4567	3	467	49	1269	1246	279	8	2567
6	5	3	7	4	9	128	26	268
679	8	1	35	2356	236	12379	4	2367
4679	467	2467	1	8	236	5	23679	2367
34678	2	4678	3459	3579	348	378	1	34578
3478	47	5	6	137	1348	2378	237	9
1	9	478	2	357	348	6	357	34578

(41); (48), (列 $2-47$); (12)

478	6	9	348	23	5	237	37	1
2	1	8	389	369	7	4	3569	356
457	3	47	49	1269	1246	279	8	2567
6	5	3	7	4	9	18	2	8
79	8	1	35	2356	236	1379	4	367
479	47	247	1	8	236	5	3679	367
3478	2	4678	3459	3579	348	378	1	34578
3478	47	5	6	137	1348	2378	37	9
1	9	478	2	357	348	6	357	34578

(23), (49), (行 $1-237$); (11)

4	6	9	8	23	5	237	37	1
2	1	8	39	369	7	4	3569	356
57	3	7	49	1269	1246	279	8	2567
6	5	3	7	4	9	1	2	8
79	8	1	35	2356	236	1379	4	367
79	47	247	1	8	236	5	3679	367
378	2	467	3459	3579	348	378	1	3457
378	47	5	6	137	1348	2378	37	9
1	9	47	2	357	348	6	357	3457

(33); (93); (82); (88)

4	6	**9**	8	23	**5**	237	7	**1**
2	1	8	39	369	**7**	**4**	569	356
5	**3**	7	49	1269	1246	29	**8**	256
6	5	**3**	7	**4**	**9**	1	2	8
79	**8**	1	35	2356	236	1379	**4**	367
79	4	2	**1**	**8**	236	**5**	679	367
38	**2**	6	3459	3579	348	78	**1**	457
8	7	**5**	**6**	1	148	28	3	**9**
1	**9**	4	**2**	357	38	**6**	57	57

(宫 9 – 57), (行 9 – 57); (77), (95), 矛盾: 行 7 包含两个定格 4

4	6	**9**	8	23	**5**	237	7	**1**
2	1	8	39	369	**7**	**4**	569	356
5	**3**	7	49	1269	1246	29	**8**	256
6	5	**3**	7	**4**	**9**	1	2	8
79	**8**	1	35	2356	236	1379	**4**	367
79	4	2	**1**	**8**	236	**5**	679	367
3	**2**	6	459	579	4	8	**1**	4
8	7	**5**	**6**	1	148	2	3	**9**
1	**9**	4	**2**	3	8	**6**	57	57

运用排除法的
数独题目 2 ($n = 28$)

		7	**8**				**6**	
				7	**2**			**5**
1			**3**		**6**	**8**		
8					**9**	**4**		
				4				
		3	**2**	**6**	**8**			**1**
		4			**7**			**3**
6			**9**	**8**				
	1				**5**	**9**		

数独终盘

2	3	**7**	**8**	5	4	1	**6**	9
9	8	6	1	**7**	**2**	3	4	**5**
1	4	5	**3**	9	**6**	**8**	2	7
8	6	1	7	3	**9**	**4**	5	2
7	2	9	5	**4**	1	6	3	8
4	5	**3**	**2**	**6**	**8**	7	9	**1**
5	9	**4**	6	1	**7**	2	8	**3**
6	7	2	**9**	**8**	3	5	1	4
3	**1**	8	4	2	**5**	**9**	7	6

从全图出发, 经过运算 (宫 2 – 14), (列 4–146), (宫 7 – 2589); (宫 5 – 57), (行 2 – 1349), 得到中间全图.

中间全图

23459	23459	7	8	59	14	123	6	249
349	68	68	14	7	2	13	1349	5
1	2459	259	3	59	6	8	2479	2479
8	2567	1256	57	13	9	4	2357	267
2579	25679	12569	57	4	13	23567	235789	26789
4579	4579	3	2	6	8	57	579	1
259	2589	4	16	12	7	1256	1258	3
6	37	25	9	8	134	1257	12457	247
37	1	28	46	23	5	9	2478	24678

运用排除法排除 $\overline{95}$ 格的允许填数 3, 得到 $\overline{95} = 2$. 由此, 运用运算规则 1~6 进行操作, 可以得到数独终盘.

现在证明: 若 $\overline{95} = 3$, 则会导致矛盾. 设 $\overline{95} = 3$.

(95); (45), (行 $-\overline{53} = 1$); (列 3 $\mapsto \overline{33} = 9$)

23459	23459	7	8	59	14	123	6	249
349	68	68	14	7	2	13	1349	5
1	2459	9	3	59	6	8	2479	2479
8	2567	256	57	1	9	4	2357	267
2579	25679	1	57	4	13	23567	235789	26789
4579	4579	3	2	6	8	57	579	1
259	2589	4	16	12	7	1256	1258	3
6	37	25	9	8	134	1257	12457	247
7	1	28	46	3	5	9	2478	24678

(33); (列 $-\overline{15} = 9$); (15); (列 9 $- 247$)

2345	2345	7	8	9	14	123	6	24
34	68	68	14	7	2	13	1349	5
1	245	9	3	5	6	8	247	247
8	2567	256	57	1	9	4	2357	6
2579	25679	1	57	4	13	23567	235789	689
4579	4579	3	2	6	8	57	59	1
259	2589	4	16	12	7	1256	158	3
6	37	25	9	8	134	1257	12457	247
7	1	28	46	3	5	9	2478	68

(49); (99); (93), 矛盾: 列 3 包含两个定格 5

2345	2345	**7**	**8**	9	14	123	**6**	24
34	68	68	14	**7**	**2**	13	1349	**5**
1	245	9	**3**	5	**6**	**8**	247	247
8	257	5	57	1	**9**	**4**	2357	6
2579	25679	1	57	**4**	13	2357	235789	9
4579	4579	**3**	**2**	**6**	**8**	57	59	**1**
59	589	**4**	16	12	**7**	1256	15	**3**
6	37	5	**9**	**8**	134	1257	12457	247
7	**1**	2	46	3	**5**	**9**	47	8

运用排除法的

数独题目 3 ($n = 22$)

			6				**3**	**1**
		5						
	3		**5**	**4**			**2**	
						4		
				9				**8**
1	**6**			**8**		**7**		
					5	**9**	**6**	
	1							
4			**7**	**6**				

数独终盘

9	4	8	**6**	7	2	5	**3**	**1**
2	7	**5**	8	3	1	6	4	9
6	**3**	1	**5**	**4**	9	8	**2**	7
8	2	3	1	5	7	**4**	9	6
7	5	4	3	**9**	6	2	1	**8**
1	**6**	9	2	**8**	4	**7**	5	3
3	8	7	4	1	**5**	**9**	**6**	2
5	**1**	6	9	2	8	3	7	4
4	9	2	**7**	**6**	3	1	8	5

从全图出发, 运用运算规则 1 ~ 6 进行操作, 得到中间全图.

中间全图

2789	24789	2478	**6**	27	289	5	**3**	**1**
26789	24789	**5**	2389	237	1	68	47	479
6789	**3**	1	**5**	**4**	89	68	**2**	79
238	28	238	1	5	7	**4**	9	6
57	457	47	23	**9**	6	23	1	**8**
1	**6**	9	234	**8**	234	**7**	5	23
2378	278	2378	2348	1	**5**	**9**	**6**	2347
59	**1**	6	489	23	489	23	47	457
4	59	23	**7**	**6**	239	1	8	235

运用排除法排除 $\overline{81}$ 格的允许填数 9. 如果 $\overline{81}$ 格是定格 9, 则通过运算 (81) 和 (宫 8 – 48), 可得到填数都是 23 的 5 个格子: $\overline{74}$ 格、$\overline{54}$ 格、$\overline{57}$ 格、$\overline{87}$ 格和 $\overline{85}$ 格, 这就是第一类有矛盾全图的范例 4. 对 $\overline{81} = 5$, 运用运算规则 1 ~ 6 进行操作, 就可以得到数独终盘.

这道数独题目用排除法计算比较简单, 也可以用双格链的方法计算. 中间全图包含一条长度为 4 的格链: $\overline{54}$ 格、$\overline{57}$ 格、$\overline{87}$ 格和 $\overline{85}$ 格. 因为每格的允许填数都是 23, 所以构成双格链:

$$(54, 57, 87, 85 \mapsto 2), (54, 57, 87, 85 \mapsto 3).$$

从而分别删去 $\overline{74}$ 格的允许填数 2 和 3, 使 $\overline{74}$ 格的允许填数变成 48. 无论 $\overline{74}$ 格是定格 4 还是定格 8, 都产生一个二格团: (行 8 – 89) 和 (行 8 – 49). 这两个二格团得到的共同结果是删去 $\overline{81}$ 格的允许填数 9. 该结果也可通过以下运算来实现: (宫 8 – 489); (行 9 – 23); (99); (93).

运用排除法的
数独题目 4 ($n = 17$)

	8							
	3		8	4				
						7		
		1		6				
	2							8
			9	7		5		
			3					4
7								
5						6		

数独终盘

2	8	6	9	7	1	4	3	5
1	3	7	8	4	5	6	2	9
4	5	9	3	6	2	8	7	1
9	7	1	5	8	6	2	4	3
6	2	5	4	1	3	7	9	8
3	4	8	2	9	7	1	5	6
8	6	2	7	3	9	5	1	4
7	1	3	6	5	4	9	8	2
5	9	4	1	2	8	3	6	7

这是泰康之家蜀园居民王民歌先生提供的一道提示数为 17 的数独题, 该题曾在 "泰康多社区数独讨论" 群里得到了热烈的讨论. 这道题既可用广义格链求解, 也可作为解释 "第二类有矛盾的全图" 的很好的例子, 采用排除法求解. 下述方法吸纳了群中多位老师的高见, 在此一并表示感谢.

从全图出发, 运用运算规则 1~6 进行操作, 得到包含广义格链的中间全图.

包含广义格链的中间全图

2	**8**	6	9	7	13	134	34	5
1	**3**	7	**8**	**4**	5	69	2	69
4	5	9	13	6	2	8	**7**	13
9	7	**1**	5	8	**6**	234	34	23
6	**2**	5	34	1	34	7	9	**8**
3	4	8	2	**9**	7	16	**5**	16
8	6	2	7	**3**	9	5	1	**4**
7	19	34	6	5	14	239	8	239
5	19	34	14	2	8	39	**6**	7

广义格链: $(\overline{92}=9 \mapsto \overline{89}=9)$,
若 $\overline{92} \neq 9$, 则通过运算 (92); (94); (54); (34); (39); (49),
推得 $\overline{89}=9$, 删去 $\overline{82}$ 和 $\overline{97}$ 格的允许填数 9

2	**8**	6	9	7	13	134	34	5
1	**3**	7	**8**	**4**	5	69	2	69
4	5	9	13	6	2	8	**7**	13
9	7	**1**	5	8	**6**	234	34	23
6	**2**	5	34	1	34	7	9	**8**
3	4	8	2	**9**	7	16	**5**	16
8	6	2	7	**3**	9	5	1	**4**
7	1	34	6	5	14	239	8	239
5	19	34	14	2	8	3	**6**	7

由此, 再运用运算规则 1~6 进行操作, 就可以得到数独终盘.

上述中间全图中的 $\overline{17}$、$\overline{18}$、$\overline{47}$ 和 $\overline{48}$ 四格很接近唯一矩阵. 如果同时删去 $\overline{17}$ 格的允许填数 1 和 $\overline{47}$ 格的允许填数 2, 这四格就构成填数为 34 的唯一矩阵, 是第二类有矛盾的全图, 应该排除. 如果同时取 $\overline{17}$ 格是定格 1 和 $\overline{47}$ 格是定格 2, 也是不允许的, 因为列 7 就没有允许填数 4 了. 余下的情况, 如果 $\overline{17}$ 格是定格 1, 则 $\overline{47}$ 格就是定格 4; 如果 $\overline{47}$ 格是定格 2, 则 $\overline{17}$ 格就是定格 4. 这两种情况下, $\overline{17}$ 格和 $\overline{47}$ 格中数 3 都是不允许填数, 按照排除法应该删去. 再做运算 (列 7 宫 9 $\mapsto$ 3), 就得到又一中间全图.

又一中间全图

2	**8**	6	9	7	13	14	34	5
1	**3**	7	**8**	**4**	5	69	2	69
4	5	9	13	6	2	8	**7**	13
9	7	**1**	5	8	**6**	24	34	23
6	**2**	5	34	1	34	7	9	**8**
3	4	8	2	**9**	**7**	16	**5**	16
8	6	2	7	**3**	9	5	1	**4**
7	19	34	6	5	14	239	8	29
5	19	34	14	2	8	39	**6**	7

该又一中间全图中，除了定格和 $\overline{87}$ 格外，所有其他空格都有两个允许填数. $\overline{87}$ 格有三个允许填数，其中数 9 在 $\overline{87}$ 格所属每一个单元的空格中都出现了三次. 如果把数 9 看成 $\overline{87}$ 格的不允许填数，该全图正好符合第二类有矛盾的全图中的范例 1，也就是文献所称的全双值坟墓：全图中除定格外，所有空格都只有两个允许填数，而且每个单元的空格包含的任一允许填数数目都是 2. 因此采用排除法，不能把数 9 看成 $\overline{87}$ 格的不允许填数，$\overline{87}$ 格必须是定格 9. 由此再运用运算规则 1～6 进行操作，就可以得到数独终盘.

运用排除法的

数独题目 5 ($n = 38$)

					3	**7**		**8**
			8	**5**	**7**		**9**	
8	**7**		**4**			**5**	**3**	
9	**1**	**7**	**5**		**8**	**4**		**3**
5	**8**	**2**			**4**			
4	**6**	**3**			**1**	**8**		
7		**8**				**9**		
2			**7**			**3**	**8**	
		1		**8**				**7**

数独终盘

6	2	5	1	9	**3**	**7**	4	**8**
1	3	4	**8**	**5**	**7**	2	**9**	6
8	**7**	9	**4**	6	2	**5**	**3**	1
9	**1**	**7**	**5**	2	**8**	**4**	6	**3**
5	**8**	**2**	6	3	**4**	1	7	9
4	**6**	**3**	9	7	**1**	**8**	2	5
7	5	**8**	3	4	6	**9**	1	2
2	9	6	**7**	1	5	**3**	**8**	4
3	4	**1**	2	**8**	9	6	5	**7**

全图

16	2459	4569	1269	1269	3	7	1246	8
136	234	46	8	5	7	126	9	1246
8	7	69	4	1269	269	5	3	126
9	1	7	5	26	8	4	26	3
5	8	2	369	3679	4	16	167	169
4	6	3	29	279	1	8	257	259
7	345	8	1236	12346	256	9	12456	12456
2	459	4569	7	1469	569	3	8	1456
36	3459	1	2369	8	2569	26	2456	7

该全图出现二行列操作 (见包含广义格链的数独题目 9). 在行 3 和行 8 中, 允许填数 1 只出现在列 5 和列 9 的格子里, 则在除行 3 和行 8 外的其他行中, 数 1 是列 5 和列 9 的格子的不允许填数. 按照二行列 38-1-59 的操作, 要删去 $\overline{15}$、$\overline{75}$、$\overline{29}$、$\overline{59}$ 和 $\overline{79}$ 格的允许填数 1. 该操作也可用广义格链 ($\overline{35} = 1 \mapsto \overline{39} = 1$) 来表达.

二行列 38-1-59

16	2459	4569	1269	269	3	7	1246	8
136	234	46	8	5	7	126	9	246
8	7	69	4	1269	269	5	3	126
9	1	7	5	26	8	4	26	3
5	8	2	369	3679	4	16	167	69
4	6	3	29	279	1	8	257	259
7	345	8	1236	2346	256	9	12456	2456
2	459	4569	7	1469	569	3	8	1456
36	3459	1	2369	8	2569	26	2456	7

由于允许填数 7 在行 5 的空格中只出现了两次, 因此或 $\overline{55}$ 格是定格 7, 或 $\overline{58}$ 格是定格 7. 运用排除法排除 $\overline{55}$ 格是定格 7, 得到 $\overline{58} = 7$. 由此, 运用运算规则 1~6 进行操作, 就可以得到数独终盘.

现在证明: 若 $\overline{55} = 7$, 则会导致矛盾. 设 $\overline{55} = 7$.

(55); (宫 5 – 29), (行 6 – 16); (45)

16	2459	4569	1269	29	**3**	**7**	1246	**8**
136	234	46	**8**	**5**	**7**	126	**9**	246
8	**7**	69	**4**	129	269	**5**	**3**	126
9	**1**	**7**	**5**	6	**8**	**4**	2	**3**
5	**8**	**2**	3	7	**4**	16	16	9
4	**6**	**3**	29	29	**1**	**8**	257	259
7	345	**8**	1236	234	256	**9**	12456	2456
2	459	4569	**7**	149	569	**3**	**8**	1456
36	3459	**1**	2369	**8**	2569	26	2456	**7**

(行 5 – 29), (列 5 – 29); (35), (69)

16	2459	4569	269	29	**3**	**7**	1246	**8**
136	234	46	**8**	**5**	**7**	126	**9**	246
8	**7**	69	**4**	1	269	**5**	**3**	26
9	**1**	**7**	**5**	6	**8**	**4**	2	**3**
5	**8**	**2**	3	7	**4**	16	16	9
4	**6**	**3**	29	29	**1**	**8**	7	5
7	345	**8**	1236	34	256	**9**	12456	246
2	459	4569	**7**	4	569	**3**	**8**	146
36	3459	**1**	2369	**8**	2569	26	2456	**7**

(85), (列 $-\overline{74}=1$); (74), (行 $-\overline{89}=1$)

16	2459	4569	269	29	**3**	**7**	1246	**8**
136	234	46	**8**	**5**	**7**	126	**9**	246
8	**7**	69	**4**	1	269	**5**	**3**	26
9	**1**	**7**	**5**	6	**8**	**4**	2	**3**
5	**8**	**2**	3	7	**4**	16	16	9
4	**6**	**3**	29	29	**1**	**8**	7	5
7	345	**8**	1	3	256	**9**	2456	246
2	59	569	**7**	4	569	**3**	**8**	1
36	3459	**1**	2369	**8**	2569	26	2456	**7**

广义格链: ($\overline{11}=1 \mapsto \overline{27}=1$),
若 $\overline{11}\neq 1$, 则通过运算 (11); (23); (宫 3 – 26),
推得 $\overline{27}=1$, 删去 $\overline{18}$ 和 $\overline{21}$ 格的允许填数 1

16	2459	4569	269	29	**3**	**7**	246	**8**
36	234	46	**8**	**5**	**7**	126	**9**	246
8	**7**	69	**4**	1	269	**5**	**3**	26
9	**1**	**7**	**5**	6	**8**	**4**	2	**3**
5	**8**	**2**	3	7	**4**	16	16	9
4	**6**	**3**	29	29	**1**	**8**	7	5
7	345	**8**	1	3	256	**9**	2456	246
2	59	569	**7**	4	569	**3**	**8**	1
36	3459	**1**	2369	**8**	2569	26	2456	**7**

(48), (75); (宫 3 − 246); (27)

16	2459	4569	269	29	3	7	46	8
36	234	46	8	5	7	1	9	246
8	7	69	4	1	269	5	3	26
9	1	7	5	6	8	4	2	3
5	8	2	3	7	4	6	16	9
4	6	3	29	29	1	8	7	5
7	45	8	1	3	256	9	456	246
2	59	569	7	4	569	3	8	1
36	3459	1	269	8	2569	26	456	7

(57); (97), (行 $-\overline{76} = 2$); (76)

16	2459	4569	269	29	3	7	46	8
36	234	46	8	5	7	1	9	246
8	7	69	4	1	69	5	3	26
9	1	7	5	6	8	4	2	3
5	8	2	3	7	4	6	1	9
4	6	3	29	29	1	8	7	5
7	45	8	1	3	2	9	456	46
2	59	569	7	4	569	3	8	1
36	3459	1	69	8	569	2	456	7

(行 3 − 69); (39); (行 2 − 46); (21)

16	2459	4569	269	29	3	7	46	8
3	2	46	8	5	7	1	9	46
8	7	69	4	1	69	5	3	2
9	1	7	5	6	8	4	2	3
5	8	2	3	7	4	6	1	9
4	6	3	29	29	1	8	7	5
7	45	8	1	3	2	9	456	46
2	59	569	7	4	569	3	8	1
6	3459	1	69	8	569	2	456	7

(91); (94); (64), (96); (98), 矛盾: 行 1 包含两个定格 6

1	2459	4569	6	29	3	7	6	8
3	2	46	8	5	7	1	9	46
8	7	69	4	1	69	5	3	2
9	1	7	5	6	8	4	2	3
5	8	2	3	7	4	6	1	9
4	6	3	2	9	1	8	7	5
7	45	8	1	3	2	9	56	6
2	59	59	7	4	69	3	8	1
6	35	1	9	8	5	2	4	7

第4章 数独世界难题

前三章总结了十条运算规则.运算规则1~3是数独基本规定的另一种表述.运用这些规则可直接把空格变成定格,相当于增加了数独题目的提示数.因此这些规则适用于比较简单的数独题目.对于有一定难度的数独题目,很多空格的允许填数不能立刻减少成一个,也就是不能直接变成定格.这时建议根据提示数和新增定格的分布,按照数独的基本规定,采用标准的方法,统一计算每个空格的允许填数,画出数独题目的全图.即把提示数和已知定格的分布信息转换成各空格允许填数的分布信息.对于这样的整体信息,本书又归纳总结了三条运算规则,可以把空格的允许填数逐步转化为不允许填数,逐渐减少各空格的允许填数数目.当一个空格的允许填数减少到只剩一个时,该空格就变成了定格.从数独题目的全图出发,采用运算规则1~6就可以求解大部分数独题目.对于少数比较困难的数独题目,运用运算规则1~6至少可以大幅度减少各空格的允许填数,把全图简化成中间全图.

为了进一步化简中间全图,本书引入了格圈和格链的概念,总结出格圈运算规则和格链运算规则.由于格圈和格链有若干确切的规定,这些规定虽然限制了格圈和格链运算规则的使用,但也提供了寻找适用格圈和格链运算规则的方法.抓住格链运算的关键,突破格链的规定,本书把格链运算规则推广到广义格链运算规则.广义格链运算规则的表现形式和适用条件复杂多变,扩大了广义格链运算规则的适用范围,但也增加了寻找广义格链的难度.

运用前面九条运算规则简化有些中间全图可能仍会遇到困难,姑且称这些全图为困难全图.对此本书推荐了一条更普遍适用的运算规则,称为排除法.在中间全图中选定一个空格的一个允许填数 x,假定把该空格变成定格 x,通过一定的步骤,连续多次使用前面九条运算规则,把中间全图演变成有矛盾的全图,从而证明数 x 是该空格的不允许填数,应该排除.原则上,前面九条运算规则都可以理解为是排除法的特殊情况,因为都是把允许填数变成不允许填数,而且在给定的条件下,该运算规则已经得到严格的证明.在使用排除法时,由于情况比较特殊,应用不够普遍,需要就具体条件,使用若干步运算来证明.对于难题非常大的题目,如本节介绍的所谓数独世界难题,则需要反复使用排除法.此时只有把这些要排除的允许填数适当编号,才能使计算有条理地进行.这就是本章要介绍的分题法.

　　分题法大致分成两类.第一类方法是选择一个空格,称为选择格.选择格通常是只有两个或三个允许填数的空格.有两个允许填数 xy 的空格只有两种可能:定格 x 或定格 y.有三个允许填数 xyz 的空格只有三种可能:定格 x,或定格 y,或定格 z.这样把选择格取成不同定格的全图称为数独分题目.第二类方法是选择一个单元,其中包含允许填数 x 的空格只有两个或三个,分别把这两个或三个空格选为定格 x,就得到两个或三个数独分题目.寻找数独分题目没有确定的原则,就是希望得到的数独分题目的全图比较容易运用前面九条运算规则进行简化.

　　通常一道合格的数独难题可以分解为若干道数独分题目,其中只有一道数独分题目是合格的,由它可以计算出数独终盘,其他所有数独分题目都是不合格的,最后必定会得到有矛盾的数独全图.本章以芬兰数学家因卡拉教授设计的两道数独世界难题为例,用数独分题目方法来求解.为节省篇幅,本章只计算合格的数独分题目,略去会导致矛盾的数独分题目的计算.严格地说,完全求解一道数独难题,应该补齐所有分题目的计算,包括证明不合格数独分题目导致的有矛盾的全图. 尽管这些计算并不特别困难, 但计算工作量较大, 建议有兴趣的读者自行补齐这些计算.

4.1 数独难题 1

芬兰数学家因卡拉教授 2007 年设计的所谓世界最难数独题如下.

数独难题 1 ($n = 23$)

1				7		9		
	3			2				8
		9	6			5		
		5	3		9			
	1			8				2
6					4			
3						1		
	4							7
		7				3		

(列 $-\overline{83} = 1$)

1				7		9		
	3			2				8
		9	6			5		
		5	3		9			
	1			8				2
6					4			
3						1		
	4	1						7
		7				3		

全图

1	2568	2468	458	345	7	246	9	346
457	3	46	1459	2	159	1467	467	8
2478	278	9	6	134	138	5	2347	134
2478	278	5	3	167	126	9	4678	146
479	1	34	579	8	569	467	34567	2
6	2789	238	12579	1579	4	178	3578	135
3	25689	268	245789	45679	25689	2468	1	4569
2589	4	1	2589	3569	235689	268	2568	7
2589	25689	7	124589	14569	125689	3	24568	4569

该全图是困难全图. 第一步, 取 $\overline{23}$ 格为选择格, 允许填数是 46, 得到两个数独分题目. 数独分题目 1 把 $\overline{23}$ 格变成定格 4, 数独分题目 2 把 $\overline{23}$ 格变成定格 6. 计算表明数独分题目 1 是合格的数独题目.

数独分题目 1

1	2568	2468	458	345	7	246	9	346
457	3	4	1459	2	159	1467	467	8
2478	278	9	6	134	138	5	2347	134
2478	278	5	3	167	126	9	4678	146
479	1	34	579	8	569	467	34567	2
6	2789	238	12579	1579	4	178	3578	135
3	25689	268	245789	45679	25689	2468	1	4569
2589	4	1	2589	3569	235689	268	2568	7
2589	25689	7	124589	14569	125689	3	24568	4569

(23); (53)

1	2568	268	458	345	7	246	9	346
57	3	4	159	2	159	167	67	8
278	278	9	6	134	138	5	2347	134
2478	278	5	3	167	126	9	4678	146
479	1	3	579	8	569	467	4567	2
6	2789	28	12579	1579	4	178	3578	135
3	25689	268	245789	45679	25689	2468	1	4569
2589	4	1	2589	3569	235689	268	2568	7
2589	25689	7	124589	14569	125689	3	24568	4569

该全图又是困难全图. 第二步, 取 $\overline{21}$ 格为选择格, 允许填数是 57, 得到两个数独分题目. 数独分题目 1-1 把 $\overline{21}$ 格变成定格 5, 数独分题目 1-2 把 $\overline{21}$ 格变成定格 7. 计算表明数独分题目 1-1 是合格的数独题目.

数独分题目 1-1

1	2568	268	458	345	7	246	9	346
5	3	4	159	2	159	167	67	8
278	278	9	6	134	138	5	2347	134
2478	278	5	3	167	126	9	4678	146
479	1	3	579	8	569	467	4567	2
6	2789	28	12579	1579	4	178	3578	135
3	25689	268	245789	45679	25689	2468	1	4569
2589	4	1	2589	3569	235689	268	2568	7
2589	25689	7	124589	14569	125689	3	24568	4569

(21); (行 2 − 19), (宫 2 − 19); (宫 3 − 67)

1	268	268	458	345	7	24	9	34
5	3	4	19	2	19	67	67	8
278	278	9	6	34	38	5	234	134
2478	278	5	3	167	126	9	4678	146
479	1	3	579	8	569	467	4567	2
6	2789	28	12579	1579	4	178	3578	135
3	25689	268	245789	45679	25689	2468	1	4569
289	4	1	2589	3569	235689	268	2568	7
289	25689	7	124589	14569	125689	3	24568	4569

(宫 3 − 234); (列 $-\overline{67}=1$); (67), (列 7 宫 9 ↦ 8)

1	268	268	458	345	7	24	9	34
5	3	4	19	2	19	67	67	8
278	278	9	6	34	38	5	234	1
2478	278	5	3	167	126	9	4678	46
479	1	3	579	8	569	467	4567	2
6	2789	28	12579	1579	4	1	3578	35
3	25689	268	245789	45679	25689	2468	1	4569
289	4	1	2589	3569	235689	268	256	7
289	25689	7	124589	14569	125689	3	2456	4569

该全图又是困难全图.第三步,取 $\overline{69}$ 格为选择格,允许填数是 35,得到两个数独分题目.数独分题目 1-1-1 把 $\overline{69}$ 格变成定格 3,数独分题目 1-1-2 把 $\overline{69}$ 格变成定格 5.计算表明数独分题目 1-1-2 是合格的数独题目.

数独分题目 1-1-2

1	268	268	458	345	7	24	9	34
5	3	4	19	2	19	67	67	8
278	278	9	6	34	38	5	234	1
2478	278	5	3	167	126	9	4678	46
479	1	3	579	8	569	467	4567	2
6	2789	28	2579	579	4	1	3578	5
3	25689	268	245789	45679	25689	2468	1	4569
289	4	1	2589	3569	235689	268	256	7
289	25689	7	124589	14569	125689	3	2456	4569

(69), (行 $-\overline{68}=3$); (列 9 − 469); (19)

1	268	268	458	45	7	24	9	3
5	3	4	19	2	19	67	67	8
278	278	9	6	34	38	5	24	1
2478	278	5	3	167	126	9	4678	46
479	1	3	579	8	569	467	467	2
6	2789	28	279	79	4	1	3	5
3	25689	268	245789	45679	25689	2468	1	469
289	4	1	2589	3569	235689	268	256	7
289	25689	7	124589	14569	125689	3	2456	469

(宫 6 - 467); (48), (宫 6 行 5 ↦ 7)

1	268	268	458	45	7	24	9	3
5	3	4	19	2	19	67	67	8
278	278	9	6	34	38	5	24	1
247	27	5	3	167	126	9	8	46
49	1	3	59	8	569	467	467	2
6	2789	28	279	79	4	1	3	5
3	25689	268	245789	45679	25689	2468	1	469
289	4	1	2589	3569	235689	268	256	7
289	25689	7	124589	14569	125689	3	2456	469

该全图中,$\overline{49}$ 格的填数 4 是不允许填数. 因为如果 $\overline{49}$ 格是定格 4, 就会使全图包含填数 67 的四格: $\overline{27}$、$\overline{28}$、$\overline{57}$ 和 $\overline{58}$ 格排列成长方形, 构成 6 个二格团. 这就是所谓的唯一矩阵, 见 3.3 节第二类有矛盾的全图范例 2. 运用排除法排除 $\overline{49}$ 格的允许填数 4, $\overline{49}$ 格是定格 6. 然后通过运算规则继续简化全图.

(49); (行 4 - 127), (宫 9 - 49); (41)

1	268	268	458	45	7	24	9	3
5	3	4	19	2	19	67	67	8
278	278	9	6	34	38	5	24	1
4	27	5	3	17	12	9	8	6
9	1	3	59	8	569	47	47	2
6	2789	28	279	79	4	1	3	5
3	25689	268	245789	45679	25689	268	1	49
289	4	1	2589	3569	235689	268	256	7
289	25689	7	124589	14569	125689	3	2456	49

(51); (54), (宫 7 - 28), (列 1 - 28)

1	268	268	48	45	7	24	9	3
5	3	4	19	2	19	67	67	8
7	278	9	6	34	38	5	24	1
4	27	5	3	17	12	9	8	6
9	1	3	5	8	6	47	47	2
6	278	28	279	79	4	1	3	5
3	569	6	24789	45679	25689	268	1	49
28	4	1	289	3569	235689	268	256	7
28	569	7	12489	14569	125689	3	2456	49

(31), (56), (73), (行 $-\overline{15} = 5$)

1	268	28	48	5	7	24	9	3
5	3	4	19	2	19	67	67	8
7	28	9	6	34	38	5	24	1
4	27	5	3	17	12	9	8	6
9	1	3	5	8	6	47	47	2
6	278	28	279	79	4	1	3	5
3	59	6	24789	4579	2589	28	1	49
28	4	1	289	3569	23589	268	256	7
28	59	7	12489	14569	12589	3	2456	49

(列 2 − 278), (15), (行 8 宫 8 ↦ 9)

1	6	28	48	5	7	24	9	3
5	3	4	19	2	19	67	67	8
7	28	9	6	34	38	5	24	1
4	27	5	3	17	12	9	8	6
9	1	3	5	8	6	47	47	2
6	278	28	279	79	4	1	3	5
3	59	6	2478	47	258	28	1	49
28	4	1	289	369	23589	268	256	7
28	59	7	1248	146	1258	3	2456	49

格链: (75, 35, 36, 32, 42 ↦ 7),
47 → 34 → 38 → 28 → 27,
删去 $\overline{45}$ 格的允许填数 7

1	6	28	48	5	7	24	9	3
5	3	4	19	2	19	67	67	8
7	28	9	6	34	38	5	24	1
4	27	5	3	1	12	9	8	6
9	1	3	5	8	6	47	47	2
6	278	28	279	79	4	1	3	5
3	59	6	2478	47	258	28	1	49
28	4	1	289	369	23589	268	256	7
28	59	7	1248	146	1258	3	2456	49

(45); (46); (42)

1	6	28	48	5	7	24	9	3
5	3	4	19	2	19	67	67	8
7	28	9	6	34	38	5	24	1
4	7	5	3	1	2	9	8	6
9	1	3	5	8	6	47	47	2
6	28	28	79	79	4	1	3	5
3	59	6	2478	47	58	28	1	49
28	4	1	289	369	3589	268	256	7
28	59	7	1248	46	158	3	2456	49

广义格链: ($\overline{36} = 3 \mapsto \overline{85} = 3$),
若 $\overline{36} \neq 3$, 则通过运算 (36); (14), (76); (17), (72); (77), (79);
(75), (87); (65), 推得 $\overline{85} = 3$,
删去 $\overline{35}$ 和 $\overline{86}$ 格的允许填数 3

1	6	28	48	5	**7**	24	**9**	3
5	**3**	4	19	**2**	19	67	67	**8**
7	28	**9**	**6**	34	38	**5**	24	1
4	7	**5**	**3**	1	2	**9**	8	6
9	**1**	3	5	**8**	6	47	47	**2**
6	28	28	79	79	**4**	1	3	5
3	59	6	2478	47	58	28	**1**	49
28	**4**	1	289	369	3589	268	256	**7**
28	59	**7**	1248	46	158	**3**	2456	49

(35); (14), (38), (95)

1	6	2	8	5	**7**	4	**9**	3
5	**3**	4	19	**2**	19	67	67	**8**
7	8	**9**	**6**	4	3	**5**	2	1
4	7	**5**	**3**	1	2	**9**	8	6
9	**1**	3	5	**8**	6	47	47	**2**
6	28	28	79	79	**4**	1	3	5
3	59	6	247	7	58	28	**1**	49
28	**4**	1	29	39	589	268	56	**7**
28	59	**7**	124	6	158	**3**	5	49

(13), (32), (75), (98)

1	6	2	8	5	**7**	4	**9**	3
5	**3**	4	19	**2**	19	67	67	**8**
7	8	**9**	**6**	4	3	**5**	2	1
4	7	**5**	**3**	1	2	**9**	8	6
9	**1**	3	5	**8**	6	47	47	**2**
6	2	8	79	9	**4**	1	3	5
3	59	6	24	7	58	28	**1**	49
28	**4**	1	29	39	589	268	6	**7**
28	9	**7**	124	6	18	**3**	5	49

(65), (88), (92); (99)

1	6	2	8	5	**7**	4	**9**	3
5	**3**	4	19	**2**	19	67	7	**8**
7	8	**9**	**6**	4	3	**5**	2	1
4	7	**5**	**3**	1	2	**9**	8	6
9	**1**	3	5	**8**	6	47	47	**2**
6	2	8	7	9	**4**	1	3	5
3	5	6	24	7	58	28	**1**	9
28	**4**	1	29	3	589	28	6	**7**
28	9	**7**	12	6	18	**3**	5	4

(28), (72); (58), (76); (77)

1	6	2	8	5	**7**	4	**9**	3
5	**3**	4	19	**2**	19	6	7	**8**
7	8	**9**	**6**	4	3	**5**	2	1
4	7	**5**	**3**	1	2	**9**	8	6
9	**1**	3	5	**8**	6	7	4	**2**
6	2	8	7	9	**4**	1	3	5
3	5	6	24	7	8	2	**1**	9
28	**4**	1	29	3	59	8	6	**7**
28	9	**7**	12	6	1	**3**	5	4

(87), (96); (26), (94), 数独终盘

1	6	2	8	5	**7**	4	**9**	3
5	**3**	4	1	**2**	9	6	7	**8**
7	8	**9**	**6**	4	3	**5**	2	1
4	7	**5**	**3**	1	2	**9**	8	6
9	**1**	3	5	**8**	6	7	4	**2**
6	2	8	7	9	**4**	1	3	5
3	5	6	4	7	8	2	**1**	9
2	**4**	1	9	3	5	8	6	**7**
8	9	**7**	2	6	1	**3**	5	4

4.2 数独难题 2

这道题是芬兰数学家因卡拉教授 2012 年设计的所谓世界最难数独题,他把此题比作数独题目的 "珠穆朗玛峰".

数独难题 2 ($n = 21$)

8								
		3	6					
	7			9		2		
	5				7			
				4	5	7		
			1				3	
		1					6	8
		8	5			1		
	9				4			

全图

8	1246	24569	2347	12357	1234	13569	4579	1345679
12459	124	3	6	12578	1248	1589	45789	14579
1456	7	456	348	9	1348	2	458	13456
123469	5	2469	2389	2368	7	1689	2489	12469
12369	12368	269	2389	4	5	7	289	1269
24679	2468	24679	1	268	2689	5689	3	24569
23457	234	1	23479	237	2349	359	6	8
23467	2346	8	5	2367	23469	39	1	2379
23567	9	2567	2378	123678	12368	4	257	2357

该全图是困难全图. 第一步, 由于宫 9 各格包含的允许填数相对较少, 取 $\overline{77}$ 格为选择格, 允许填数是 359, 得到三个数独分题目. 数独分题目 1 把 $\overline{77}$ 格变成定格 3, 数独分题目 2 把 $\overline{77}$ 格变成定格 5, 数独分题目 3 把 $\overline{77}$ 格变成定格 9. 计算表明数独分题目 1 是合格的数独题目.

数独分题目 1

8	1246	24569	2347	12357	1234	13569	4579	1345679
12459	124	3	6	12578	1248	1589	45789	14579
1456	7	456	348	9	1348	2	458	13456
123469	5	2469	2389	2368	7	1689	2489	12469
12369	12368	269	2389	4	5	7	289	1269
24679	2468	24679	1	268	2689	5689	3	24569
23457	234	1	23479	237	2349	3	6	8
23467	2346	8	5	2367	23469	39	1	2379
23567	9	2567	2378	123678	12368	4	257	2357

$(77), (行7 \mapsto \overline{71} = 5); (71), (87), (行7宫8 \mapsto 7)$

8	1246	24569	2347	12357	1234	156	4579	1345679
1249	124	3	6	12578	1248	158	45789	14579
146	7	456	348	9	1348	2	458	13456
123469	5	2469	2389	2368	7	168	2489	12469
12369	12368	269	2389	4	5	7	289	1269
24679	2468	24679	1	268	2689	568	3	24569
5	24	1	2479	27	249	3	6	8
23467	2346	8	5	236	2346	9	1	27
2367	9	267	238	12368	12368	4	257	257

该全图是困难全图. 第二步, 由于行 7 有 4 个空格, 形成四格团. 取允许填数适中的 $\overline{76}$ 格为选择格, 允许填数是 249, 得到三个数独分题目. 数独分题目 1-1 把 $\overline{76}$ 格变成定格 2, 数独分题目 1-2 把 $\overline{76}$ 格变成定格 4, 数独分题目 1-3 把 $\overline{76}$ 格变成定格 9. 计算表明数独分题目 1-2 是合格的数独题目.

数独分题目 1-2

8	1246	24569	2347	12357	1234	156	4579	1345679
1249	124	3	6	12578	1248	158	45789	14579
146	7	456	348	9	1348	2	458	13456
123469	5	2469	2389	2368	7	168	2489	12469
12369	12368	269	2389	4	5	7	289	1269
24679	2468	24679	1	268	2689	568	3	24569
5	24	1	2479	27	4	3	6	8
23467	2346	8	5	236	2346	9	1	27
2367	9	267	238	12368	12368	4	257	257

$(76); (72); (75); (74)$

8	146	24569	2347	1235	123	156	4579	1345679
1249	14	3	6	1258	128	158	45789	14579
146	7	456	348	9	138	2	458	13456
123469	5	2469	238	2368	7	168	2489	12469
12369	1368	269	238	4	5	7	289	1269
24679	468	24679	1	268	2689	568	3	24569
5	2	1	9	7	4	3	6	8
3467	346	8	5	236	236	9	1	27
367	9	67	238	12368	12368	4	257	257

(列 4−238), (列 −$\overline{66}$ = 9); (34), (66)

8	146	24569	7	1235	123	156	4579	1345679
1249	14	**3**	**6**	1258	128	158	45789	14579
16	**7**	56	4	**9**	138	**2**	58	1356
123469	**5**	2469	238	2368	**7**	168	2489	12469
12369	1368	269	238	**4**	**5**	**7**	289	1269
2467	468	2467	**1**	268	9	568	**3**	2456
5	2	**1**	9	7	4	3	**6**	**8**
3467	346	**8**	**5**	236	236	9	**1**	27
367	**9**	67	238	12368	12368	**4**	257	257

(14), (宫 1−146); (33); (38)

8	146	29	7	1235	123	156	459	134569
29	14	**3**	**6**	1258	128	15	4579	14579
16	**7**	5	4	**9**	13	**2**	8	136
123469	**5**	2469	238	2368	**7**	168	249	12469
12369	1368	269	238	**4**	**5**	**7**	29	1269
2467	468	2467	**1**	268	9	568	**3**	2456
5	2	**1**	9	7	4	3	**6**	**8**
3467	346	**8**	**5**	236	236	9	**1**	27
367	**9**	67	238	12368	12368	**4**	257	257

(列 6 宫 8↦ 6), (列 3 宫 4↦ 4); (列 1↦ $\overline{81}$ = 4); (81)

8	146	29	7	1235	123	156	459	134569
29	14	**3**	**6**	1258	128	15	4579	14579
16	**7**	5	4	**9**	13	**2**	8	136
12369	**5**	2469	238	2368	**7**	168	249	12469
12369	1368	269	238	**4**	**5**	**7**	29	1269
267	68	2467	**1**	268	9	568	**3**	2456
5	2	**1**	9	7	4	3	**6**	**8**
4	36	**8**	**5**	23	236	9	**1**	27
367	**9**	67	238	1238	12368	**4**	257	257

(行 8−236); (89); (行 9−25); (列 4 宫 5↦ 2)

8	146	29	7	1235	123	156	459	134569
29	14	**3**	**6**	1258	128	15	4579	1459
16	**7**	5	4	**9**	13	**2**	8	136
12369	**5**	2469	238	368	**7**	168	249	12469
12369	1368	269	238	**4**	**5**	**7**	29	1269
267	68	2467	**1**	68	9	568	**3**	2456
5	2	**1**	9	7	4	3	**6**	**8**
4	36	**8**	**5**	23	236	9	**1**	7
367	**9**	67	38	138	1368	**4**	25	25

(行 6-68); (67); (27); (22)

8	16	29	7	1235	123	6	459	34569
29	4	3	6	258	28	1	579	59
16	7	5	4	9	13	2	8	36
12369	5	2469	238	368	7	68	249	12469
12369	1368	269	238	4	5	7	29	1269
27	68	247	1	68	9	5	3	24
5	2	1	9	7	4	3	6	8
4	36	8	5	23	236	9	1	7
367	9	67	38	138	1368	4	25	25

(行 $-\overline{28}=7$), (17); (12), (39)

8	1	29	7	235	23	6	459	459
29	4	3	6	258	28	1	7	59
6	7	5	4	9	1	2	8	3
12369	5	2469	238	368	7	8	249	12469
12369	368	269	238	4	5	7	29	1269
27	68	247	1	68	9	5	3	24
5	2	1	9	7	4	3	6	8
4	36	8	5	23	236	9	1	7
367	9	67	38	138	1368	4	25	25

(31), (36), (47), (宫 6-249)

8	1	29	7	235	23	6	459	459
29	4	3	6	258	28	1	7	59
6	7	5	4	9	1	2	8	3
1239	5	2469	23	36	7	8	249	16
1239	368	269	238	4	5	7	29	16
27	68	247	1	68	9	5	3	24
5	2	1	9	7	4	3	6	8
4	36	8	5	23	236	9	1	7
37	9	67	38	138	368	4	25	25

(行 $-\overline{95}=1$), (列 9 宫 3 $\mapsto$ 9)

8	1	29	7	235	23	6	45	459
29	4	3	6	258	28	1	7	59
6	7	5	4	9	1	2	8	3
1239	5	2469	23	36	7	8	249	16
1239	368	269	238	4	5	7	29	16
27	68	247	1	68	9	5	3	24
5	2	1	9	7	4	3	6	8
4	36	8	5	23	236	9	1	7
37	9	67	38	1	368	4	25	25

该全图包含一个大格链. 该格链是由 $\overline{45}$、$\overline{65}$、$\overline{62}$、$\overline{82}$、$\overline{91}$、$\overline{61}$、$\overline{21}$、$\overline{13}$ 和 $\overline{16}$ 九格组成, 各格的允许填数分别是 36、68、68、36、37、27、29、29、23. 把这个格链切断, 又得到两个子格链, 前一个子格链由 $\overline{45}$、$\overline{65}$、$\overline{62}$ 和 $\overline{82}$ 四格组成, 后一个子格链由 $\overline{91}$、$\overline{61}$、$\overline{21}$、$\overline{13}$ 和 $\overline{16}$ 五格组成. 按照格链运算规则, 删去 $\overline{15}$、$\overline{85}$ 和 $\overline{96}$ 格的允许填数 3.

$$(45, 65, 62, 82, 91, 61, 21, 13, 16 \mapsto 3),$$
$$(45, 65, 62, 82 \mapsto 3), (91, 61, 21, 13, 16 \mapsto 3)$$

8	1	29	7	25	23	6	45	459
29	4	**3**	**6**	258	28	1	7	59
6	**7**	5	4	**9**	1	**2**	8	3
1239	**5**	2469	23	36	**7**	8	249	16
1239	368	269	238	**4**	**5**	**7**	29	16
27	68	247	**1**	68	9	5	**3**	24
5	2	**1**	9	7	4	3	**6**	**8**
4	36	**8**	**5**	2	236	9	**1**	7
37	**9**	67	38	1	68	**4**	25	25

(85); (15); (18), (25)

8	1	29	7	5	23	6	4	9
29	4	**3**	**6**	8	2	1	7	59
6	**7**	5	4	**9**	1	**2**	8	3
1239	**5**	2469	23	36	**7**	8	29	16
1239	368	269	238	**4**	**5**	**7**	29	16
27	68	247	**1**	6	9	5	**3**	24
5	2	**1**	9	7	4	3	**6**	**8**
4	36	**8**	**5**	2	36	9	**1**	7
37	**9**	67	38	1	68	**4**	25	25

(26), (65); (16), (21)

8	1	2	7	5	3	6	4	9
9	4	**3**	**6**	8	2	1	7	5
6	**7**	5	4	**9**	1	**2**	8	3
123	**5**	2469	23	3	**7**	8	29	16
123	368	269	238	**4**	**5**	**7**	29	16
27	8	247	**1**	6	9	5	**3**	24
5	2	**1**	9	7	4	3	**6**	**8**
4	36	**8**	**5**	2	6	9	**1**	7
37	**9**	67	38	1	68	**4**	25	25

(13), (29), (45), (86)

8	1	2	7	5	3	6	4	9
9	4	**3**	**6**	8	2	1	7	5
6	**7**	5	4	**9**	1	**2**	8	3
12	**5**	469	2	3	**7**	8	29	16
123	368	69	28	**4**	**5**	**7**	29	16
27	8	47	**1**	6	9	5	**3**	24
5	2	**1**	9	7	4	3	**6**	**8**
4	3	**8**	**5**	2	6	9	**1**	7
37	**9**	67	38	1	8	**4**	25	2

(44), (62), (82), (96)

8	1	2	7	5	3	6	4	9
9	4	**3**	**6**	8	2	1	7	5
6	**7**	5	4	**9**	1	**2**	8	3
1	**5**	469	2	3	**7**	8	9	16
123	6	69	8	**4**	**5**	**7**	29	16
27	8	47	**1**	6	9	5	**3**	24
5	2	**1**	9	7	4	3	**6**	**8**
4	3	**8**	**5**	2	6	9	**1**	7
7	**9**	67	3	1	8	**4**	25	2

(41), (48), (91), (99)

8	1	2	7	5	3	6	4	9
9	4	**3**	**6**	8	2	1	**7**	5
6	**7**	5	4	**9**	1	**2**	8	3
1	**5**	46	2	3	**7**	8	9	6
23	6	69	8	**4**	**5**	**7**	2	16
2	8	47	**1**	6	9	5	**3**	4
5	2	**1**	9	7	4	3	**6**	**8**
4	3	**8**	**5**	2	6	9	**1**	7
7	**9**	6	3	1	8	**4**	5	2

(52), (61), (69), 数独终盘

8	1	2	7	5	3	6	4	9
9	4	**3**	**6**	8	2	1	**7**	5
6	**7**	5	4	**9**	1	**2**	8	3
1	**5**	4	2	3	**7**	8	9	6
3	6	9	8	**4**	**5**	**7**	2	1
2	8	7	**1**	6	9	5	**3**	4
5	2	**1**	9	7	4	3	**6**	**8**
4	3	**8**	**5**	2	6	9	**1**	7
7	**9**	6	3	1	8	**4**	5	2

4.3 等价的数独题目

从一个合格的数独题目和得到的数独终盘出发,对题目和数独终盘的前三行进行置换,置换后仍满足数独的基本规定.这六组题目称为等价的题目.同样,对题目和数独终盘的中三行或后三行进行同样的置换,也是等价的.把行的置换改成列的置换,也是等价的.九宫图横向有三个宫行,置换后也满足数独的基本规定;纵向有三个宫列,置换后也满足数独的基本规定.它们都是等价的题目.把九宫格看成一个正方形,绕通过中心垂直平面的轴转动 90°, 题目和数独终盘也满足数独的基本规定,还是等价的.可以证明正方形的其他对称性不会产生新的等价的题目.对 1~9 这九个数进行置换 (全排列),数独题目和数独终盘也满足数独的基本规定,它们都是等价的.这样等价题目的个数共有

$$6^8 \times 2 \times 9! = 1679616 \times 2 \times 362880 = 1218998108160,$$
$$\approx 1.219 \times 10^{12}.$$

两个等价的数独题目有相同或类似的数独终盘.数独题目正确地增加一个提示数的题目,还会解得相同的数独终盘.对两个等价的题目分别求解,通常不会让人有重复的感觉.因此对数独爱好者来说,数独题目无穷无尽,百玩不腻.本书还推荐了三个网站,读者可以在

网站上找到许多新题目,通过练习训练自身的观察能力和推理能力. 作者希望读者能通过学习数独的系统解法,在解数独题目时增加成就感,远离挫折感.

附录一 移棋相间法

杨振宁先生于2019年在《数学文化》上发表的文章《许宝騄和"移棋相间法"》介绍了1940年前后西南联大物理系和数学系的师生们喜欢玩的一个中国古代游戏,即移棋相间法. 杨先生称其在《道德文章垂范人间:纪念许宝騄先生百年诞辰》一书第316页上看到一篇俞润民的文章,文章说许曾发现求解"移棋相间法"的"合四为一之新律",杨先生猜想此新律就是自己在美国发现的modulo4方法. 于是重新研究此游戏,得到全解,并撰文发表.

看到杨先生的文章后,作者曾和杨先生在网上讨论该游戏,并对其稍作推广. 杨先生鼓励作者撰文发表. 作者认为在本书附录介绍这个游戏较为适宜.

设有 n 个黑球和 n 个白球,如下图 $P(n)$ 所示排在一行,还有两个空位,每次只能把相邻的两个球平移到空位上. 取 $n = 3, 4, \cdots$. 请把 $P(n)$ 移到 $Q_1(n)$ 状态或者 $Q_2(n)$ 状态. 请问您能做到 n 等于几?

$$P(n) = \underbrace{\bullet \bullet \cdots \bullet \bullet}_{n} \underbrace{\circ \circ \cdots \circ \circ}_{n} \cdots$$

$$Q_1(n) = \underbrace{\circ \bullet \circ \bullet \cdots \circ \bullet \circ \bullet}_{2n}$$

$$Q_2(n) = \underbrace{\bullet \circ \bullet \circ \cdots \bullet \circ \bullet \circ}_{2n}$$

杨先生讨论了把 $P(n)$ 移到 $Q_1(n)$ 状态,本书讨论将 $P(n)$ 分别移到 $Q_1(n)$ 和 $Q_2(n)$ 两种状态,从而可以把modulo4方法简化为modulo3方法. 将 $P(n)$ 移到 $Q_1(n)$ 状态的方法记作 $R_1(n)$,将 $P(n)$ 移到 $Q_2(n)$ 状态的方法记作 $R_2(n)$.

先讨论 $n=3$ 的移动方法 $R_1(3)$ 和 $R_2(3)$.

$R_1(3): P(3) \to Q_1(3)$

● ● ● ○ ○ ○ · ·
● · · ○ ○ ○ ● ●
● ○ ○ ○ · · ● ●
● ○ ○ ○ ● ● · ·
● ○ ○ · · ● ○ ●
· · ○ ● ○ ● ○ ●

$R_2(3): P(3) \to Q_2(3)$

● ● ● ○ ○ ○ · ·
● ● ● · · ○ ○ ○
· · ● ● ● ○ ○ ○
○ ○ ● ● ● · · ○
○ · · ● ● ○ ● ○
○ ● ● · · ○ ● ○
· · ● ○ ● ○ ● ○

移动方法可以有很多种, 但是在选取的移动方法中, 始终没有发生同时移动第三个和第四个小球的情况. 基于这一特点, 可以把 $P(n)$ 夹到第三个和第四个小球之间, 递推移棋相间法. 也就是假设已经掌握了 $R_2(n)$ 和 $R_1(n)$ 的移动方法, 再和 $R_1(3)$ 和 $R_2(3)$ 的移动方法结合起来, 就很容易找到 $R_1(n+3)$ 和 $R_2(n+3)$ 的移动方法.

$R_2(n) \to R_1(n+3)$

● ● ● $P(n)$ ○ ○ ○ · ·
● · · $P(n)$ ○ ○ ○ ● ●
● ○ ○ $P(n)$ ○ · · ● ●
● ○ ○ $P(n)$ ○ ● ● · ·
● ○ ○ $P(n)$ · · ● ○ ●
● ○ ○ · · $Q_2(n)$ ● ○ ●
· · ○ ● ○ $Q_2(n)$ ● ○ ●

$R_1(n) \to R_2(n+3)$

● ● ● $P(n)$ ○ ○ ○ · ·
● ● ● $P(n)$ · · ○ ○ ○
· · ● $P(n)$ ● ● ○ ○ ○
○ ○ ● $P(n)$ ● ● · · ○
○ · · $P(n)$ ● ● ○ ● ○
○ ● ● $P(n)$ · · ○ ● ○
○ ● ● · · $Q_1(n)$ ○ ● ○
· · ● ○ ● $Q_1(n)$ ○ ● ○

因此, 只要再找到 $R_1(4)$、$R_1(5)$、$R_2(4)$ 和 $R_2(5)$ 的移动方法, 就能找到任意 n 的移棋相间法.

$R_1(4): P(4) \to Q_1(4)$ $R_1(5): P(5) \to Q_1(5)$

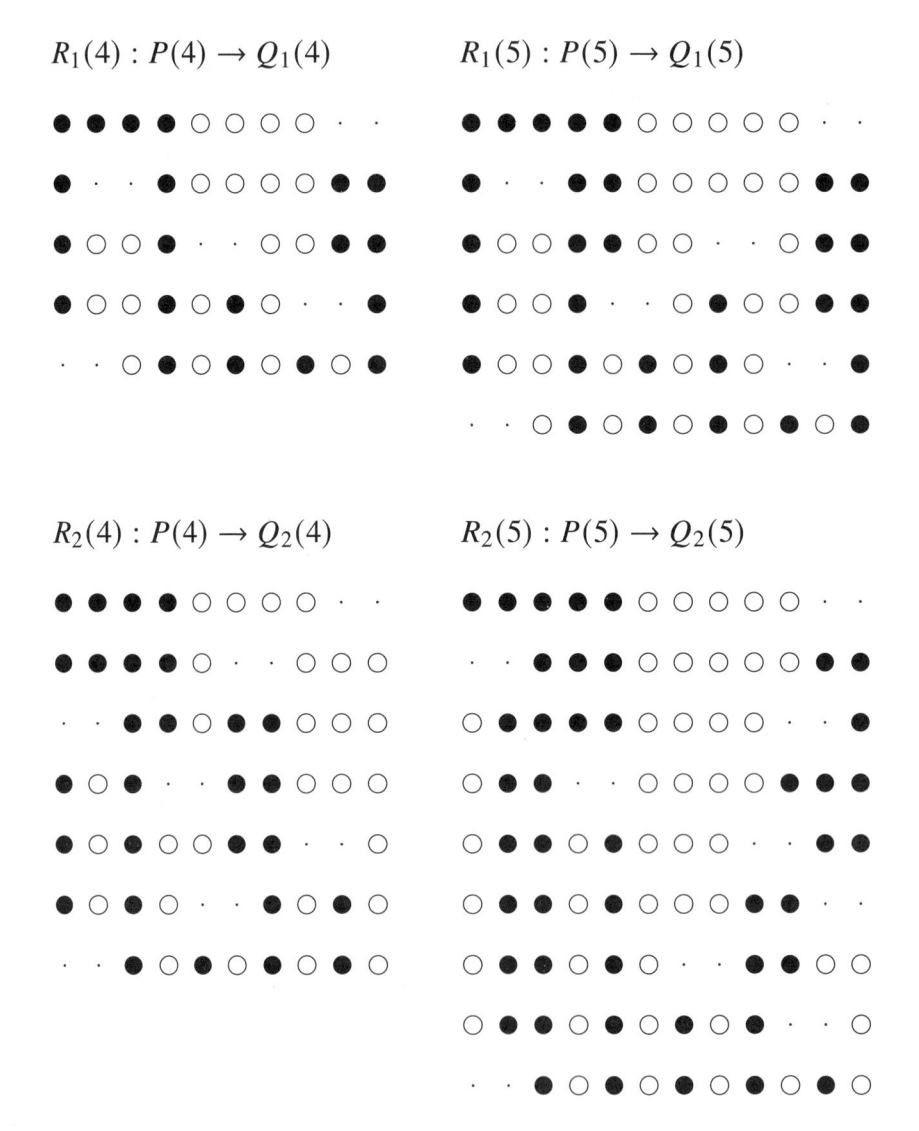

$R_2(4): P(4) \to Q_2(4)$ $R_2(5): P(5) \to Q_2(5)$

请读者注意, 在选取的移动方法 $R_1(4)$ 中, 始终没有发生同时移动第四个和第五个小球的情况. 基于这一特点, 可以把 $P(n)$ 夹到第四个和第五个小球之间, 递推移棋相间法. 也就是假设已经掌握了 $R_1(n)$ 的移动方法, 再和 $R_1(4)$ 的移动方法结合起来, 就很容易找到 $R_1(n+4)$ 的移动方法. 这就是杨先生的 modulo 4 方法.

附录二 天平秤球

题目一: 设有 12 个外表完全相同的小球, 其中 11 个球重量完全相同, 剩余 1 个球重量不同, 试用天平称量三次, 找出不同的球, 并确定该球比其他球重还是轻.

为了表述方便, 也为了以后讨论更普遍的问题, 先定义几个术语. 设有 M 个外表完全相同的小球, 其中 $(M-1)$ 个球重量完全相同, 称为真球; 剩余 1 个球重量不同, 称为假球. 在没有确定小球是真球还是假球以前, 将其称为疑球. 在用天平称量时, 没有放在天平上的球称为秤外球. 称量后选出的一组疑球. 如果包含假球一定会比真球重, 这组球称为重疑球; 如果包含假球一定会比真球轻, 称为轻疑球. 例如, 天平两盘各放相同数目的疑球, 经天平称量后, 如果天平两盘重量不同, 重盘上的疑球是重疑球, 轻盘上的疑球是轻疑球. 这样, 题目一可以重新表述如下.

题目一 (新): 设有 12 个疑球, 其中 11 个是真球, 1 个是假球. 试用天平称量三次, 从 12 个疑球中找出这一个假球, 并确定假球比真球重还是轻.

解: 任取 4 个疑球放在天平的左盘, 另取 4 个疑球放在天平的右盘, 余下 4 个疑球是秤外球. 第一次称量, 如果天平两盘不一样重, 重盘中的 4 个球是重疑球, 轻盘中的 4 个球是轻疑球, 4 个秤外球确定是真球. 如果称量时天平两盘一样重, 则天平盘上 8 个球都是真球, 秤外 4 个球仍是疑球.

对于第一种情况, 任取 2 个重疑球和 2 个轻疑球放在天平的左盘, 另取 1 个重疑球、1 个轻疑球和 2 个真球放在天平的右盘, 余下 1 个重疑球、1 个轻疑球和 2 个真球是秤外球. 第二次称量, 如果左盘重,则左盘的 2 个重疑球和右盘的 1 个轻疑球仍为疑球,其余 9 个球确定都是真球. 再把 2 个重疑球分放天平两盘进行第三次称量, 如果天平两盘一样重, 则秤外轻疑球是假球, 它比真球轻; 如果天平两盘不一样重, 则重盘上的重疑球是假球, 它比真球重. 同理, 第二次称量时如果左盘轻, 则左盘的 2 个轻疑球和右盘的 1 个重疑球仍为疑球, 其余 9 个球确定都是真球. 再把 2 个轻疑球分放天平两盘进行第三次称量, 如果天平两盘一样重, 则秤外重疑球是假球, 它比真球重; 如果天平两盘不一样重, 则轻盘上的轻疑球是假球, 它比真球轻.

第二次称量, 如果发现天平两盘一样重, 则天平盘上的 8 个球确定都是真球, 秤外球中有 2 个球已经确定是真球, 把余下的 1 个重疑球和 1 个轻疑球放在天平左盘, 右盘放 2 个真球, 进行第三次称量. 天平两盘不会一样重. 如果天平左盘重, 则左盘上的重疑球是假球, 它比真球重; 如果天平左盘轻, 则左盘上的轻疑球是假球, 它比真球轻.

对于第二种情况, 即第一次称量时天平两盘一样重, 秤上 8 个球确定都是真球, 4 个秤外球是疑球. 取 2 个疑球放在天平左盘, 取 1 个疑球和 1 个真球放在天平右盘, 秤外球中有 1 个疑球, 进行第二次称量. 如果天平两盘一样重, 则秤外疑球是假球, 把它和 1 个真球比较, 进行第三次称量, 可以确定它比真球重还是轻. 如果第二次称量时天平左盘重, 则左盘 2 个疑球是重疑球, 右盘那个疑球是轻疑球, 秤外疑球确定是真球. 把 2 个重疑球分别放在天平两盘进行第三次称量, 如果天平两盘一样重, 则秤外轻疑球是假球, 它比真球轻; 如果天平两盘不一样重, 则重盘上的重疑球是假球, 它比真球重. 同理, 如果第二次称量时天平左盘轻, 则左盘 2 个疑球是轻疑球, 右盘 1 个疑球是重疑球, 秤外疑球确定是真球. 把 2 个轻疑球分别放在天平两盘进行第三次称量, 如果天平两盘一样重, 则秤外重疑球是假球, 它比真球重; 如果天平两盘不一样重, 则轻盘上的轻疑球是假球, 它比真球轻.

题目二: 设有 14 个小球, 其中有 1 个确定是真球、13 个是疑球, 疑球中包括 12 个真球和 1 个假球, 试用天平秤三次, 找出假球, 并确定假球比真球重还是轻.

解: 本题解法和题目一的解法几乎完全相同, 只是第一次称量时, 在天平的左盘放 5 个疑球, 天平的右盘放 4 个疑球和 1 个真球, 余下 4 个疑球是秤外球. 第一次称量时, 如果天平两盘一样重, 则天平盘上的 10 个球确定都是真球, 秤外 4 个球仍是疑球. 和题目一的解法一样, 可以通过后两次称量找出假球, 并确定假球比真球重还是轻. 第一次称量时, 如果天平左盘重, 则天平左盘上 5 个球是重疑球, 天平右盘上除真球外的 4 个球是轻疑球, 4 个盘外球确定都是真球. 第一次称量时, 如果天平左盘轻, 则天平左盘上 5 个球是轻疑球, 天平右盘上除真球外的 4 个球是重疑球, 4 个盘外球确定都是真球. 两种情况的差别只是把重疑球改成轻疑球, 把轻疑球改成重疑球, 因此后两次天平称量方法是完全类似的, 以下只解释前一种情况.

与题目一的解法相同, 取 2 个重疑球和 2 个轻疑球放在天平的左盘, 取 1 个重疑球、1 个轻疑球和 2 个真球放在天平的右盘, 进行第二次称量, 不同的只是现在有 6 个秤外球, 分别是 2 个重疑球、1 个轻疑球和 3 个真球. 如果第二次称量时天平两盘不一样重, 则情况和题目一完全相同, 可以通过第三次称量找出唯一的假球, 并确定假球比真球重还是轻. 如果第二次称量时天平两盘一样重, 则天平盘上 8 个球确定都是真球, 把秤外球中 2 个重疑球分别放在天平的两盘进行第三次称量, 秤外球中包含 1 个轻疑球. 如果第三次称量时天平两盘不一样重, 则重盘上的球是假球, 且比真球重. 如果第三次称量时天平两盘一样重, 则秤外球中的轻疑球是假球, 且比真球轻.

结论: 用天平称量三次, 可从 12 个疑球中找出唯一的假球, 并确定假球比真球重还是轻. 用天平称量三次, 可从 13 个疑球和 1 个真球中找出唯一的假球, 并确定假球比真球重还是轻.

推广: 用天平称量四次, 可从 39 个疑球中找出唯一的假球, 并确定假球比真球重还是轻. 用天平称量四次, 可从 40 个疑球和 1 个真球中找出唯一的假球, 并确定假球比真球重还是轻.

用天平称量五次, 可从 120 个疑球中找出唯一的假球, 并确定假球比真球重还是轻. 用天平称量五次, 可从 121 个疑球和 1 个真球中出唯一的假球, 并确定假球比真球重还是轻.

现在用数学归纳法证明更一般的结论. 如果读者对数学归纳法不熟悉, 可以忽略下面的讨论, 练习证明上面两个推广的结论即可.

先引入一个函数:

$$M(n) = 3 + 3^2 + \cdots + 3^{n-1} = \sum_{j=1}^{n-1} 3^j \ (n > 1),$$

有递推关系:

$$M(n) = 3 + 3^2 + \cdots + 3^{n-2} + 3^{n-1} = M(n-1) + 3^{n-1},$$

$$M(n) = 3\left[1 + 3 + 3^2 + \cdots + 3^{n-2}\right] = 3 + 3M(n-1).$$

定理一: 用天平称量 n 次, 可从 3^n 个重疑球中找出唯一的假球, 且假球比真球重. 用天平称量 n 次, 可从 3^n 个轻疑球中找出唯一的假球, 且假球比真球轻.

证明: 已经证明过, 当 $n = 1$ 时定理一成立. 再以重疑球为例证明一遍. 在天平两盘各放 1 个重疑球进行称量. 如果天平两盘一样重, 则秤外重疑球确定是假球. 如果天平两盘不一样重, 则重盘上的重疑球确定是假球. 两种情况都是假球比真球重.

按照数学归纳法, 假设当 $n < m$ 时定理一成立, 要证明当 $n = m$ 时定理一成立, 就是要证明用天平称量 m 次, 可从 3^m 个重疑球中找

出唯一的假球, 且假球比真球重. 对轻疑球的证明是一样的.

在天平两盘各放 3^{m-1} 个重疑球进行第一次称量. 如果天平两盘一样重, 秤上 $(2 \times 3^{m-1})$ 个重疑球确定都是真球, 秤外 3^{m-1} 个重疑球仍是重疑球. 如果天平两盘不一样重, 则重盘上 3^{m-1} 个重疑球仍是重疑球, 其他 $(2 \times 3^{m-1})$ 个球确定都是真球. 按照假设, 可再做 $(m-1)$ 次称量找出唯一的假球, 而且假球比真球重.

用类似的方法可以证明下面两个系.

系一: 用天平称量 n 次, 可从 $(2 \times 3^{n-1})$ 个重疑球和 3^{n-1} 个轻疑球中找出唯一的假球, 并确定假球比真球重还是轻.

系二: 用天平称量 n 次, 可从 $(2 \times 3^{n-1})$ 个轻疑球和 3^{n-1} 个重疑球中找出唯一的假球, 并确定假球比真球重还是轻.

定理二: 用天平称量 n 次, 可从 $[M(n)+1]$ 个疑球和 1 个真球中找出唯一的假球, 并确定假球比真球重还是轻.

证明: 已经证明 $n = 3$ 时定理二成立. 按照数学归纳法, 假设当 $n < m$ 时定理二成立, 要证明当 $n = m$ 时定理二成立, 就是要证明用天平称量 m 次, 可从 $[M(m)+1]$ 个疑球和 1 个真球中找出唯一的假球, 并确定假球比真球重还是轻.

在天平左盘放 $[M(m-1)+2]$ 个疑球, 在天平右盘放 $[M(m-1)+1]$ 个疑球和 1 个真球进行第一次称量, 秤外球是 $[M(m-1)+1]$ 个疑球. 如果天平两盘一样重, 秤上 $[2M(m-1)+4]$ 个球确定都是真球, 秤外 $[M(m-1)+1]$ 个球仍是疑球. 按照假设, 当 $n = m-1$ 时定理二成立, 就是可用天平进行 $(m-1)$ 次称量, 从这 $[M(m-1)+1]$ 个疑球和 1 个真球中找出唯一的假球, 并确定假球比真球重还是轻.

如果第一次称量时天平左盘重, 则左盘上 $[M(m-1)+2]$ 个疑球是重疑球, 右盘上 $[M(m-1)+1]$ 个疑球是轻疑球, 其余 $[M(m-1)+2]$

个球确定都是真球. 在天平左盘放 $(2 \times 3^{m-3})$ 个重疑球和 $(2 \times 3^{m-3})$ 个轻疑球, 在天平右盘放 3^{m-3} 个重疑球、3^{m-3} 个轻疑球和 $(2 \times 3^{m-3})$ 个真球, 进行第二次称量. 秤外球是 $[M(m-2)+2]$ 个重疑球、$[M(m-2)+1]$ 个轻疑球和 $[M(m-1) - 2 \times 3^{m-2} + 2]$ 个真球.

$$3 \times 3^{m-3} + M(m-2) = M(m-1)$$

$$M(m) + 2 - [8 \times 3^{m-3} + 2 \times M(m-2) + 3]$$

$$= M(m-1) - 2 \times 3^{m-2} + 2$$

如果第二次称量时天平左盘重, 则左盘上的 $(2 \times 3^{m-3})$ 个重疑球和右盘上的 3^{m-3} 个轻疑球仍为疑球, 其余所有球确定都是真球. 按照系一, 可以用天平称量 $(m-2)$ 次, 从 $(2 \times 3^{m-3})$ 个重疑球和 3^{m-3} 个轻疑球中找出唯一的假球, 并确定假球比真球重还是轻.

如果第二次称量时天平左盘轻, 则左盘上的 $(2 \times 3^{m-3})$ 个轻疑球和右盘上的 3^{m-3} 个重疑球仍为疑球, 其余所有球确定都是真球. 按照系二, 可以用天平称量 $(m-2)$ 次, 从 $(2 \times 3^{m-3})$ 个轻疑球和 3^{m-3} 个重疑球中找出唯一的假球, 并确定假球比真球重还是轻.

如果第二次称量时天平两盘一样重, 则秤外球中 $[M(m-2)+2]$ 个重疑球和 $[M(m-2)+1]$ 个轻疑球仍为疑球, 其余所有球确定都是真球.

按照数学归纳法, 假设当 $n = m-1$ 时定理二成立, 就是当 $n = m-1$ 时, 在天平左盘放 $[M(m-2)+2]$ 个疑球, 在天平右盘放 $[M(m-2)+1]$ 个疑球和 1 个真球, 进行第一次称量, 如果天平左盘重, 正好得到这一情况, 即 $[M(m-2)+2]$ 个重疑球和 $[M(m-2)+1]$ 个轻疑球. 当 $n = m-1$ 时定理二成立, 就说明这一情况可以通过余下 $(m-2)$ 次称量找出唯一的假球, 并确定假球比真球重还是轻.

如果第一次称量时, 天平左盘轻, 则左盘上 $[M(m-1)+2]$ 个疑球是轻疑球, 右盘上 $[M(m-1)+1]$ 个疑球是重疑球, 其余 $[M(m-1)+2]$ 个球确定都是真球. 情况和天平左盘重的情况类似, 只是重疑球变成轻疑球, 轻疑球变成重疑球, 因此可用类似方法通过 $(m-1)$ 次称量找出唯一的假球, 并确定假球比真球重还是轻. 证完.

定理三: 用天平称量 n 次, 可从 $M(n)$ 个疑球中找出唯一的假球, 并确定假球比真球重还是轻.

证明: 已经证明 $n=3$ 时定理三成立. 按照数学归纳法, 假设当 $n<m$ 时定理三成立, 要证明当 $n=m$ 时定理三成立, 就是要证明用天平称量 m 次, 可从 $M(m)$ 个疑球中找出唯一的假球, 并确定假球比真球重还是轻.

在天平左盘放 $[M(m-1)+1]$ 个疑球, 在天平右盘放 $[M(m-1)+1]$ 个疑球, 进行第一次称量, 秤外球是 $[M(m-1)+1]$ 个疑球. 如果第一次称量时天平两盘一样重, 则秤上 $[2M(m-1)+2]$ 个球确定都是真球, 秤外 $[M(m-1)+1]$ 个球仍是疑球, 按照定理二, 就是可做 $(m-1)$ 次称量, 从这 $[M(m-1)+1]$ 个疑球和 1 个真球中找出唯一的假球, 并确定假球比真球重还是轻.

如果第一次称量时天平左盘重, 则左盘上 $[M(m-1)+1]$ 个疑球是重疑球, 右盘上 $[M(m-1)+1]$ 个疑球是轻疑球, 秤外 $[M(m-1)+1]$ 个球确定都是真球. 在天平左盘放 $(2\times 3^{m-3})$ 个重疑球和 $(2\times 3^{m-3})$ 个轻疑球, 在天平右盘放 3^{m-3} 个重疑球、3^{m-3} 个轻疑球和 $(2\times 3^{m-3})$ 个真球, 进行第二次称量. 秤外球是 $[M(m-2)+1]$ 个重疑球、$[M(m-2)+1]$ 个轻疑球和 $[M(m-1)-2\times 3^{m-2}+1]$ 个真球.

$$3\times 3^{m-3}+M(m-2)=M(m-1)$$

$$\begin{aligned}&M(m)-[8\times 3^{m-3}+2\times M(m-2)+2]\\&=M(m-1)-2\times 3^{m-2}+1\end{aligned}$$

如果第二次称量时天平左盘重,则左盘上的 $(2 \times 3^{m-3})$ 个重疑球和右盘上的 3^{m-3} 个轻疑球仍是疑球,其余所有球确定都是真球. 按照系一,可以用天平称量 $(m-2)$ 次,从 $(2 \times 3^{m-3})$ 个重疑球和 3^{m-3} 个轻疑球中找出唯一的假球,并确定假球比真球重还是轻.

如果第二次称量时天平左盘轻,则左盘上的 $(2 \times 3^{m-3})$ 个轻疑球和右盘上的 3^{m-3} 个重疑球仍为疑球,其余所有球确定都是真球. 按照系二,可以用天平称量 $(m-2)$ 次,从 $(2 \times 3^{m-3})$ 个轻疑球和 3^{m-3} 个重疑球中找出唯一的假球,并确定假球比真球重还是轻.

如果第二次称量时天平两盘一样重,则秤外球中 $[M(m-2)+1]$ 个重疑球和 $[M(m-2)+1]$ 个轻疑球仍是疑球,其余所有球确定都是真球.

按照数学归纳法,假设当 $n=m-1$ 时定理三成立,就是当 $n=m-1$ 时,在天平左盘放 $[M(m-2)+1]$ 个疑球,在天平右盘放 $[M(m-2)+1]$ 个疑球,进行第一次称量,如果天平左盘重,正好得到这一情况,即 $[M(m-2)+1]$ 个重疑球和 $[M(m-2)+1]$ 个轻疑球. 当 $n=m-1$ 时定理三成立,就说明这一情况可以通过余下 $(m-2)$ 次称量找出唯一的假球,并确定假球比真球重还是轻.

如果第一次称量时天平左盘轻,则左盘上 $[M(m-1)+1]$ 个疑球是轻疑球,右盘上 $[M(m-1)+1]$ 个疑球是重疑球,其余 $[M(m-1)+1]$ 个球确定都是真球. 情况和天平左盘重的情况类似,只是重疑球变成轻疑球,轻疑球变成重疑球,因此可用类似方法通过 $(m-1)$ 次称量找出唯一的假球,并确定假球比真球重还是轻. 证完.

附录三　确定帽子颜色

题目一: 请来逻辑思维十分敏捷的三位学士, 当面展示三顶白帽子和两顶黑帽子. 然后请他们排成一竖列, 蒙上三位学士的眼睛, 分别给他们戴上白帽子, 移走黑帽子. 请三位学士睁开眼睛, 后面人可以看见前面人戴的帽子的颜色.

问排在最后一位的学士: 您知道您头上戴着什么颜色的帽子吗? 他看见前面两位学士都戴着白帽子, 答: 不知道.

然后, 问排在第二位的学士: 您知道您头上戴着什么颜色的帽子吗? 他看见前面一位学士戴着白帽子, 答: 不知道.

最后, 问排在第一位的学士: 您知道您头上戴着什么颜色的帽子吗? 他看不见别人戴的帽子, 但答: 白帽子.

请分析他是怎么知道的?

答案: **逻辑推理**. 排在最后一位的学士回答不知道自己头上戴着什么颜色的帽子, 这个答案排除了前面两位学士都戴着黑帽子的可能. 因为如果他看见前面两位学士都戴着黑帽子, 就能确定自己头上戴着白帽子.

然后, 排在第二位的学士回答不知道自己头上戴着什么颜色的帽子, 这个答案排除了前面一位学士戴着黑帽子的可能. 因为如果他看见前面一位学士戴着黑帽子, 就能确定自己头上戴着白帽子. 因此, 排在第一位的学士虽然看不见别人戴的帽子, 但能确定自己戴着白帽子.

题目一推广: 请来逻辑思维十分敏捷的五位学士, 当面展示五顶白帽子和四顶黑帽子. 然后请他们排成一竖列, 蒙上五位学士的眼睛, 分别给他们戴上白帽子, 移走黑帽子. 请五位学士睁开眼睛, 后面人可以看见前面人戴的帽子的颜色.

问排在最后一位的学士: 您知道您头上戴着什么颜色的帽子吗? 他看见前面四位学士都戴着白帽子, 答: 不知道.

然后, 问排在第四位的学士: 您知道您头上戴着什么颜色的帽子吗? 他看见前面三位学士都戴着白帽子, 答: 不知道.

然后, 问排在第三位的学士: 您知道您头上戴着什么颜色的帽子吗? 他看见前面两位学士都戴着白帽子, 答: 不知道.

然后, 问排在第二位的学士: 您知道您头上戴着什么颜色的帽子吗? 他看见前面一位学士都戴着白帽子, 答: 不知道.

最后, 问排在第一位的学士: 您知道您头上戴着什么颜色的帽子吗? 他什么也看不见, 但答: 白帽子.

请读者自行完成逻辑推理.

题目二: 请来逻辑思维十分敏捷的三位学士, 当面展示三顶白帽子和两顶黑帽子. 然后请他们排成一圈, 蒙上三位学士的眼睛, 分别给他们戴上白帽子, 移走黑帽子. 请三位学士睁开眼睛, 每位学士都可以看见另外两位学士头上戴着白帽子, 但看不见自己头上戴着什么颜色的帽子. 然后, 问各位学士: 你们哪位知道自己头上戴着什么颜色的帽子? 刚开始三位学士都没有回答. 过了一会儿, 有一位逻辑思维最敏捷的学士答: 白帽子.

请分析他是怎么知道的.

答案: 逻辑推理. 三位学士刚开始都没有回答, 说明没有学士看到另外两位学士头上都戴着黑帽子. 逻辑思维最敏捷的学士意识到如果自己头上戴着黑帽子, 应该有学士马上可以确定自己头上戴着白帽子, 否则第三位学士会看见另外两位学士头上都戴着黑帽子而马上做出回答. 现在没有学士回答, 证明自己头上戴着白帽子.

题目二推广: 请来逻辑思维十分敏捷的五位学士, 当面展示五顶白帽子和四顶黑帽子. 然后请他们排成一圈, 蒙上五位学士的眼睛, 分别给他们戴上白帽子, 移走黑帽子. 请五位学士睁开眼睛, 每位学士都可以看见另外四位学士头上戴着白帽子, 但看不见自己头上戴着什么颜色的帽子. 然后, 问各位学士: 你们哪位知道自己头上戴着什么颜色的帽子? 刚开始五位学士都没有回答. 过了一会儿, 有一位逻辑思维最敏捷的学士答: 白帽子.

请分析他是怎么知道的. 建议读者自行完成逻辑推理.